Estar bem aqui

Como atravessei luto,
depressão e medo
e descobri a força
que me sustenta

MARIANA FERRÃO

Copyright © Mariana Ferrão, 2022
Copyright © Editora Planeta do Brasil, 2022
Todos os direitos reservados.

PREPARAÇÃO: Thais Rimkus
REVISÃO: Caroline Silva e Alanne Maria
PROJETO GRÁFICO E DIAGRAMAÇÃO: Nine Editorial
CAPA: Nine Editorial
ILUSTRAÇÃO DE CAPA: Elements – Freepik.com

DADOS INTERNACIONAIS DE CATALOGAÇÃO NA PUBLICAÇÃO (CIP)
ANGÉLICA ILACQUA CRB-8/7057

Ferrão, Mariana
    Estar bem aqui: como atravessei luto, depressão e medo e descobri a força que me sustenta / Mariana Ferrão. - São Paulo: Planeta do Brasil, 2022.
    256 p.

ISBN 978-85-422-1957-9

1. Desenvolvimento pessoal 2. Luto 3. Depressão 4. Superação I. Título

22-5565   CDD 158.1

Índice para catálogo sistemático:
1. Desenvolvimento pessoal

Ao escolher este livro, você está apoiando o manejo responsável das florestas do mundo.

2022
Todos os direitos desta edição reservados à
EDITORA PLANETA DO BRASIL LTDA.
Rua Bela Cintra, 986, 4º andar – Consolação
São Paulo – SP – CEP 01415-002
www.planetadelivros.com.br
faleconosco@editoraplaneta.com.br

A Bia, minha mãe. A Luz e a Helena, minhas avós.
Três mulheres que amo profundamente e que me fazem muita falta.

Prefácio

Li este livro em dez manhãs, enquanto os meus filhos ainda dormiam e eu não precisava dar início à rotina do dia. Dei um jeito de conseguir um horário que eu não tinha para escrever este prefácio porque me pareceu necessário fazê-lo, mesmo que eu ainda não soubesse o motivo.

Nos primeiros quatro dias, não consegui segurar o choro durante a leitura. Nos três dias seguintes, tentei entender a razão do meu choro. Nos últimos três, acho que entendi o que o livro significou para mim e por que aceitei escrever este prefácio.

Eu te conto aqui o porquê.

Ao longo da minha vida, uma pergunta sempre me perseguiu. No começo, ela surgia enquanto eu tentava enfrentar minhas próprias angústias; hoje, ela vem para ajudar os meus pacientes a enfrentar as deles – além de eu mesmo continuar enfrentando as minhas.

A pergunta é a seguinte: quais caminhos trazem a mudança? Ou melhor, como ser capaz de produzir, ativamente, processos de transformação na minha própria vida?

Em todas as linhas de pesquisa sobre as condições humanas, encontramos diversas hipóteses a respeito do nosso funcionamento: bioquímicas, psicanalíticas, sociais, cognitivas, místicas. Cada uma delas fornece respostas sobre como e por que funcionamos da maneira que funcionamos. De modo geral, tendo a pensar que essas hipóteses não são excludentes e que cada uma delas é capaz de construir explicações sobre como a vida funciona e por que ela funciona da maneira que funciona: por que sofremos da maneira que sofremos, por que gozamos da maneira que gozamos, por que nos entristecemos da maneira que nos entristecemos, por que nos aprisionamos da maneira que nos aprisionamos.

E essas respostas possíveis estão por toda parte: em livros, podcasts, canais do YouTube, feeds do Instagram, palestras, universidades, cursos on-line. Cada um deve encontrar a própria resposta, e não cabe a ninguém dizer qual delas é válida ou não. As respostas válidas são aquelas que encontram ressonância no aparato subjetivo de cada um de nós, ou seja, a melhor resposta é a resposta que nos acolhe e que nos traz mais sentido de existência.

Dito isso, até aqui, tudo parece muito bom, mas é exatamente aí que surge o problema: OK, já "entendi" como eu funciono; agora, o que preciso fazer para conseguir mudar o que me faz sofrer? Escuto exatamente essa pergunta, ou alguma variação dela, umas cinco vezes por dia. Sem nenhum exagero.

E é aqui que este livro que você tem agora em mãos apresenta o seu inestimável valor.

Entre a compreensão de si e a mudança interior existe um vale muito maior do que gostaríamos de supor.

Se por um lado a compreensão é necessária, na minha opinião, para que a mudança ocorra, por outro, ela precisa de outras condições para acontecer. E essas condições, infelizmente, não são fáceis de produzir.

Para conseguir mudar nossos caminhos, nós precisamos, sim, compreender nosso lugar no mundo e nosso funcionamento. No entanto, precisamos também vislumbrar novos caminhos, e para isso precisamos de coragem para imaginar a mudança; precisamos de mais coragem para tentar trilhar esses novos caminhos, e para isso precisamos reconhecer os nossos desejos; precisamos de um pouco mais de coragem para falhar nessas tentativas, e para isso precisamos acolher sinceramente nossas dores; precisamos de ainda mais coragem para tentar de novo depois de falhar incontáveis vezes, e para isso precisamos de esperança; e precisamos de muita coragem para perceber que não vamos nos tornar um outro alguém que encontrará a felicidade; continuaremos sendo nós mesmos tentando de novo.

E é exatamente isso, resumido em linhas simplistas e pobres comparadas à riqueza das páginas que pesam agora em suas mãos, que este livro traz.

O que você vai encontrar aqui é a exposição crua e assustadoramente sincera de tudo que não vai bem. Daquelas coisas que tentamos esconder ou esquecer. De tudo que achamos que não cabe ou não deveria caber nas nossas vidas. De todos os afetos negativos que tentamos – e esse talvez seja o nosso maior erro nos processos de mudança – anular da nossa existência. Um desnudamento de todas as dores que tentamos apagar. E a esse desnudamento, o que sempre vem é um tentar de novo.

O que este livro nos ensina em toda a sua sinceridade é que é fundamental reconhecer as dores para aprender com elas. As dores, assim como os prazeres, e talvez até mais que eles, são uma bússola dos caminhos que estamos percorrendo. E é precisamente esta a razão da sua existência na condição humana: elas são um guia. Se as recusamos, nos perdemos.

E, com a exposição dessas dores, senti acolhimento. E é por isso que chorei naqueles primeiros dias. Acolhimento para todas aquelas coisas que não deveriam caber em mim, na minha vida, mas que aqui estão.

E a cada nova tentativa que o livro apresentava nesse percurso sinuoso da vida, eu me lembrava: sim, tentar de novo. E tentava de novo junto com ela. E falhava mais uma vez, talvez de outra forma, e tentava de novo. E isso me preencheu de esperança. Por que não, afinal, tentar de novo?

E tudo isso se dá sem nenhuma transformação mágica: sou sempre eu mesmo tentando de novo, e não outra pessoa. É precisamente com as falhas que carrego que percorro meu caminho, e essa é a única maneira de percorrê-lo.

Infelizmente, a transformação não é algo que acontece e pronto. Ela é um contínuo no qual as tentativas anteriores viram mudanças de condição para as próximas, viram novos aprendizados. Assim, a consequência de cada passo se torna a causa do próximo passo. Sem fim.

Não há transformação; há percurso. Nós transformamos o percurso na mesma medida em que somos transformados por ele, mas não deixamos nunca de ser quem somos um para o outro. E é só assim que é possível seguir.

Obrigado, Mariana.

Emanuel Aragão
9 de julho de 2022.

Sumário

1. Como descobri que eu faltava na minha vida 11
2. Como ser mãe e seguir sendo a Mari que eu era? 26
3. Mas e eu?! 40
4. A ferida da invisibilidade 50
5. Brutamontes 62
6. Quanto tempo de mulher nos faltou? 76
7. Como fui parar na TV 83
8. (Re)começo na Globo 106
9. Uma nova vida em minha vida 114
10. Meditação, a transformação de dentro para fora 124
11. Lutos 132
12. Couraças, carcaças e pele 141
13. A solidão de competir 146
14. Unboxing.Me 153
15. A Globo saiu de mim 159
16. Não existe mudança sem travessia 165
17. A história da Soul.Me 173
18. Falar verdades sem se ferir e sem ferir ninguém 182
19. Conservar-se 187

20. Divórcio 192
21. A implosão da família..202
22. O (re)encontro..207
23. O tambor e o celular 216
24. Namorar uma mulher... 221
25. O caminho da solitude...228
26. Uma nova paixão e um novo *burnout*...............................232
27. Quem mais posso ser além de mim? 239
28. A força que me sustenta...247
    Referências 251

1

Como descobri que eu faltava na minha vida

Depressão, síndrome do pânico e maternidade

Já pensei em me matar – e não foi uma nem duas vezes. Eu era adolescente quando enfrentei um quadro de síndrome do pânico e depressão, esse mal que atinge 300 milhões de pessoas no mundo e o que mais tira anos saudáveis dos brasileiros.

Sou neta de psiquiatra e filha de psicanalista, mas naquela época ninguém me convencia a sair do quarto. Para mim, não existia mais o "fora do quarto". Para mim, não existia mais nada. Apenas um canto no qual eu me afundava.

Um dia minha mãe bateu na porta. "Mari, abre, por favor." Eu senti o desespero na voz dela. Reuni forças para abrir uma fresta, e por ali ela me disse uma frase de que nunca esqueci: "Se você não quiser se ajudar, ninguém vai conseguir ajudá-la".

Eu queria me ajudar, mas não conseguia. Eu sabia que queria. Mas como podia querer me ajudar e querer me matar ao mesmo tempo? Quantas vozes moravam em minha cabeça? Uma dizia que havia saída, me lembrava de quem eu era antes de me encontrar no fundo do poço. A outra só olhava para a janela. A morte logo ali não podia ser pior que estar quase morta aqui. Uma voz de um lado. Outra de outro. Quem era eu no meio das duas? Ao perceber que eu ainda não sabia quem era, também me dei conta de que talvez eu pudesse ser diferente, de que talvez a vida pudesse ter outro rumo.

Apeguei-me àquela esperança, àquela voz que me dava alternativa, como um náufrago se apega a um colete salva-vidas. Acabei adormecendo e no dia seguinte permiti que minha mãe me levasse a um psiquiatra. Eu não podia mais faltar à escola, era ano de vestibular.

Comecei a tomar remédios psiquiátricos. Só que esses remédios, naquele tempo, não eram tão sofisticados como hoje. Engordei dez quilos em duas semanas e senti muito os efeitos colaterais. Passei a não reagir a nada. A sensação que eu tinha era de que, se meu pai fosse atropelado, eu não conseguiria nem gritar, tamanha minha apatia. Eu apenas continuava existindo. Então, aos poucos, ajustamos a medicação e, devagar, meu ânimo foi reaparecendo.

Além de ir ao psiquiatra, comecei a fazer terapia. A terapeuta me deu algumas dicas: cuidar da alimentação como se fosse para a nutrição de um bebê. Pensar sobre o que eu queria e precisava de fato comer. "Se você puder preparar algo de que gosta para si mesma, melhor ainda." Comecei a usar cada refeição como oportunidade de autoconhecimento. A segunda dica foi tentar dormir bem – no começo, também precisei de remédio para isso. E a terceira dica: praticar atividade física. Não foi fácil voltar à academia e aos esportes com tamanha baixa autoestima, mas, cada vez que eu conseguia ir, voltava para casa um pouco melhor.

Depois de um ano, finalmente me vi capaz de "desmamar" da medicação e, aos poucos, voltei a ser a Mari que sempre fui. Mas eu sabia que a depressão era um monstro que me rondava, sempre à espreita. E sabia também que eu queria nunca mais o encarar.

Minhas amigas sempre estranharam minha disciplina ao recusar convites para uma pizza, para um chope, para enfiar o pé na jaca. Elas achavam que eu tinha muita força de vontade para seguir uma dieta, mas a verdade é que abri mão das companhias que eu tanto amava por medo.

Eu tinha muito medo de que qualquer deslize me levasse de volta ao parapeito da janela, por isso mantinha a academia e as horas de sono com a mesma disciplina que aplicava à comida. Isso tudo foi bem antes de me convidarem para apresentar um programa de saúde na televisão. E funcionou.

Funcionou, até que fiquei grávida.

A maternidade foi uma licença para sentir de tudo. Depois que meu filho Miguel nasceu, eu passei a me sentir distante do mundo. Sentia-me nula. Burra. Feia. Sentia todos os medos num único pote. A minha dose diária de angústia era, sentada no sofá da sala, assistir à minha substituta pela TV. Eu achava que ela era mais inteligente e mais bonita, que tinha mais conexão com meu parceiro de apresentação. Eu achava que ninguém mais precisava de mim. Que o mundo não precisava mais de mim.

Dessa vez eu não tinha mais minha mãe para pedir que eu abrisse a porta. Ela morrera de AVC quando eu tinha 20 anos. Aliás, o nascimento do meu filho também foi um renascimento do luto pela morte da minha mãe. Descobri que uma coisa é não ter mãe, e outra bem diferente é ser mãe sem ter mãe. A cada vez que me sentia insegura com algum aspecto da maternidade, pensava que, se minha mãe estivesse comigo, aquela insegurança seria menor. A cada noite de cansaço, pensava que se minha mãe ainda estivesse por aqui ela poderia ficar com Miguel para eu dormir um pouco.

Eu sentia, ainda que não fosse verdade, que ela era a única pessoa a quem eu entregaria meu filho com total confiança. E sempre que passava por qualquer perrengue – um xixi na cara na troca de fralda, um refluxo inesperado, a papinha espalhada pelo chão da sala, uma noite de choro interminável –, eu lembrava que não tive tempo de agradecer à minha mãe por ela ter enfrentado tudo isso.

O luto que vivenciei foi como um tsunâmi em um mar que parecia calmo. A onda gigante me derrubou. Eu não queria voltar a tomar remédio porque não queria parar de amamentar. A amamentação foi um fardo e uma benção. Tão prazerosa quanto cansativa. Tão amorosa quanto aprisionante. Na época, eu achava que a melhor opção era dar de mamar de três em três horas, porque assim controlaria melhor "meu" tempo.

Nesse processo, entender que eu não era mais dona da minha agenda foi um dos aprendizados mais dolorosos. Um bebê que não respeitava meus compromissos me lançou com tudo na sombra de meu lado virginiano e controlador. Ao perceber que nada estava sob controle, eu me descontrolei.

Tinha pensamentos horríveis, os quais só confesso porque acho que podem ajudar quem já passou por isso a sentir menos culpa: ao dar banho em Miguel e notar a calma dele na banheira quentinha, às vezes eu pensava em afogá-lo e me libertar. Sonhei que o matava de diversas maneiras. Tinha medo de sair com ele na rua e as pessoas descobrirem que eu não sabia ser mãe – por isso, eu não me permitia ir a lugar algum. Minha mente se tornou minha prisão. E como fugir do que está dentro de você?

Quando passei a relatar minhas experiências nas redes sociais, amenizei um pouco essas sensações, é claro, porque eu não queria que ninguém percebesse o que se passava no fundo, bem no fundo de mim. Eu relatava as dificuldades e, especialmente, meus sentimentos de impotência e incompetência diante da magnitude do desafio de se descobrir mãe de uma hora para outra.

Eu não me reconhecia naquele papel. Não havia roteiro, e tudo o que eu estudara nos livros parecia inútil para dar conta do que estava acontecendo. Tornei-me uma pessoa desconfiada, que achava que todo mundo – inclusive meu marido – estava cuidando mal do meu filho. *Por que colocar roupa de frio se está calor? Por que medir a temperatura da água do banho com termômetro se dá para sentir no pulso? Por que chacoalhar a criança se ela dorme melhor quando fica no berço e apenas recebe carinho?*

Depois de seis meses querendo fazer tudo sozinha, fiquei completamente exausta. Exausta e deprimida. Eu tinha recebido dois "diagnósticos" de depressão: um do obstetra e outro do pediatra de Miguel. O diagnóstico do obstetra veio em um momento horrível, quando, dez dias após o parto, meu corte da cesárea abriu. Eu estava amamentando no sofá de casa e, quando fui me levantar, senti a região da cirurgia repuxar. Era sábado, telefonei para o médico, que me perguntou: "Mas você quer que eu a atenda hoje?". Ao que respondi: "Lógico".

Fui ao consultório e ele olhou o corte. Estava doendo muito. Ele apertou os dois lados e disse que talvez eu ficasse com queloide, mas que estava tudo bem, porque não havia infecção. Quando fui ao banheiro me trocar, vi pela primeira vez meu corpo cortado ao meio – uma incisão grande, logo abaixo do abdômen de que tanto me orgulhava até então. Senti uma vergonha imensa de mim mesma ao me ver naquele espelho, senti que nunca mais teria orgulho do meu corpo. Comecei a chorar sem parar e foi difícil ter coragem de sair do banheiro.

Quando voltei à mesa do médico – aquelas grandes, com distâncias intransponíveis entre "doutor" e "paciente" –, ele disse, com um sorrisinho irônico: "Você está chorando por causa disso?". *Disso?!* Eu estava chorando porque tudo doía. Era dor de vergonha, dor de frustração, dor por perceber que tudo estava fora de controle, dor por não ter conseguido o parto normal que tanto desejei. Dor por ter me sentido mal assistida no momento do parto. Dor por estar em um consultório médico em pleno sábado. Dor por não ser mais dona do meu tempo. Dor por não me sentir mulher o suficiente para ser uma boa mãe para meu filho. E dor por não ter mais o colo de mãe para chorar por todas essas feridas.

Eu não respondi à pergunta do médico. Apenas consegui dizer que ele deveria ter ficado ao meu lado durante o trabalho de parto, que não precisava ter demorado mais de oito horas para aparecer no hospital. Que foi insensível quando, na manhã seguinte àquela em que minha bolsa estourou, ligou-me para perguntar se estava tudo bem e, ao ouvir de mim que haviam feito mais um exame de toque para conferir a dilatação, dizer: "Mas você não sabe que exames de toque com bolsa rota aumentam o risco de infecção?". Não, eu não sabia. Quem precisava saber disso era ele! E ele não estava lá nem havia me permitido levar uma doula para ajudar no processo, então não tinha o direito de me cobrar nada. Óbvio que não fui gentil ao dizer tudo isso. As palavras saíram em meio à raiva, à tristeza e ao choro.

Foi então que ele me disse que aquilo não parecia apenas um *blues* pós-parto, que poderia ser depressão. Eu me senti insultada, achei que ele estava querendo se livrar da culpa e colocá-la em meus ombros. Saí do consultório e, no carro, chorei durante muito tempo antes de voltar para casa. Não queria que ninguém soubesse o quão triste eu estava mesmo tendo nos meus braços a pessoa mais preciosa da minha vida.

O pediatra foi um pouco mais sensível. Esperou um momento em que ficamos sozinhos na consulta para indicar uma medicação que poderia me ajudar. Eu disse que não achava que estava deprimida, que já havia sofrido de depressão e que era muito diferente. A depressão que me deixou no quarto aos 17 anos me imobilizou. Naquele momento eu conseguia fazer tudo – tudo o que envolvia cuidar de um recém--nascido –, o dia inteiro. Como podia estar deprimida?

O máximo que aceitei foram gotinhas homeopáticas, e lembrei de algo que havia me ajudado muito durante a gestação e também por boa parte da minha vida: a meditação.

Comecei a meditar com 12 anos. Eu era amiga do dono de um sebo que ficava na esquina de casa. Passava as tardes lá, conversando sobre Machado de Assis, Manoel de Barros, Rubem Braga, Fernando Pessoa e José Saramago, até que um dia, quando cheguei, o dono do sebo me deu um livro de presente e disse: "Este livro é sua cara!".
O livro se chamava *Visualização criativa*, da escritora norte-americana Shakti Gawain, e tinha uma mandala na capa. Tão nova, eu não fazia a menor ideia do que era uma mandala. Não tinha a menor ideia do que era a visualização criativa, muito menos de como se pronunciava o nome da autora, mas senti muita curiosidade de saber por que o dono do sebo achava aquele livro minha cara.
Fui para casa e comecei a ler. Havia alguns exercícios propostos e um dos primeiros era visualizar uma bola dourada no topo da cabeça; depois, devia imaginá-la descendo para a testa, a garganta, o coração, um pouco acima do umbigo, um pouco abaixo e, por último, para a região pélvica. Coloquei um CD da Enya para tocar e só quando terminou percebi que tinha feito o exercício por quase uma hora.
Eu não dormi. Estava num lugar mágico, que parecia mais factível que a realidade, cheio de luzes coloridas. E me lembro de pensar: *será que é isso que as pessoas chamam de estado alfa?* Eu tinha meditado. Acabara de meditar, sem me dar conta.
No dia seguinte, tentei repetir o processo para chegar de novo àquele lugar mágico. Não funcionou. Foi com o tempo que aprendi que a meditação profunda é incompatível com a vontade de controlar o mundo. Na verdade, esse mergulho interno requer entrega, e não controle.
Precisei de muita coragem para encarar todas aquelas feridas abertas. Nos dias seguintes, ao colocar Miguel para dormir, escutava mantras

e meditava. Às vezes, fazia uma pequena meditação para ele relaxar, e eu mesma também acabava relaxando.

Voltei a praticar ioga, o que também foi muito importante. Lembro-me do entardecer na sala de casa enquanto fazia *surya namaskar*, a saudação ao sol.

A sensação de ter vencido mais um dia – um de cada vez – era tudo de que eu conseguia dar conta.

A interação on-line com outras mães durante as mamadas da madrugada fez-me perceber que eu não estava sozinha. Mais do que isso, fez-me entender que, ao falar sobre minhas dificuldades, elas também se sentiam menos sozinhas. Voltei a me sentir útil e a dar atenção ao que estava sentindo.

Eu estava com saudade de minhas amigas. Ao longo da vida, cultivei muitas amizades com homens; quando olhei para o lado, percebi que tinha pouquíssimas amigas que me apoiavam de verdade. Cresci numa época em que as mulheres competiam. Na adolescência e no começo da vida adulta, não ouvi falar de sororidade uma única vez. Contudo, no início da maternidade, entendi que nenhum homem me ajudaria.

Uma amiga um pouco distante me mandou uma mensagem se colocando à disposição para o que eu precisasse. Ela comentou que teve muita dificuldade na amamentação e que a maternidade era muito mais foda do que ela podia imaginar. Contou, ainda, que uma enfermeira a ajudava algumas horas por dia – bem no crepúsculo, a hora da cólica, do horror; não por acaso, conhecida como a hora da bruxa.

Liguei para ela e conversamos um pouco. Foi como uma brisa fresca num dia quente. Então, liguei para a tal enfermeira e, dois dias depois, a mulher estava na minha casa.

Ela pediu que eu fizesse tudo como já vinha fazendo – naquela época, Miguel tinha pouco menos de 2 meses –, porque queria me observar. No começo, foi estranhíssimo. Achei que ela estava lá para me criticar. No entanto, ela foi elogiando o meu cuidado, a maneira como conversava com o bebê enquanto trocava a roupinha dele, enquanto dava banho e o colocava para dormir. Ela me disse: "O que você faz é maravilhoso! Ao descrever o que você está fazendo com ele, você traz segurança para o seu filho".

Segurança? Eu estava passando segurança para o meu filho?

Agora que me lembrei disso, comecei a chorar. Chorar de gratidão por ter conseguido pedir ajuda. Por ter recebido a mensagem da Giu, minha amiga, e por ter tido o apoio da Denise de Paula, uma mulher forte que aprendeu na prática o quão poderoso é ajudar outras mulheres.

Nunca vou conseguir agradecer por todas as coisas que fizeram por mim – e a mais importante delas talvez tenha sido me devolver a autoconfiança. A Denise, na maioria dos dias, ficava a meu lado, me observava e, com sua calma, apoiava meu jeito de maternar. Assim, descobri, aos poucos, que eu levava jeito para ser mãe.

Mas como ser mãe e seguir sendo a Mari que eu era?

Jornada de exploressência

"Exploressência" é uma palavra que surgiu no fim de 2021, quando eu estava repensando o Unboxing.Me – série de encontros sobre autoconhecimento que produzo desde 2018 e sobre o qual contarei em breve. Eu havia assistido a uma entrevista com a maravilhosa escritora Conceição Evaristo, na qual ela dizia que não se definia como alguém que escreve, mas como alguém que pratica "escrevivência", um conceito teórico que se tornou importante no campo da literatura brasileira. "Escrevo para sobreviver", completou ela.

Amo palavras inventadas que ultrapassam o significado já atribuído – e muitas vezes desgastado – de outras usadas há muito tempo. Os termos novos ganham, além de frescor, a chance de se transformar em símbolo: ou seja, cada um de nós pode dar a eles o significado que quiser, que fizer mais sentido individualmente.

Intuí que precisava de um neologismo para definir o Unboxing.Me e fiz uma provocação à Isadora Coelho, amiga querida que estava trabalhando comigo no projeto de reformulação. Na semana seguinte, Isa surgiu com "exploressência", e eu simplesmente amei! Exploressência, para mim, é a chance de a cada instante entrarmos em contato com nossa essência, de explorarmos o agora em busca de nós mesmas e nós mesmos. Como posso me encontrar cada vez mais neste momento? Quais pistas do presente me levam ao tesouro de minha presença?

Por isso, a cada capítulo deste livro teremos um exercício que poderia fazer parte do Unboxing.Me, mas que foi criado exclusivamente para você, leitor.

Talvez você esteja se perguntando porque comecei o livro contando de minha depressão, minhas crises de pânico e minha ideação suicida. Bom, se você não está se perguntando, eu estou. Por que começar a contar uma história por partes tão difíceis?

Uma vez minha terapeuta me fez o seguinte elogio: "Você alinha histórias como quem tece um manto maravilhoso". Essa frase me faz pensar no começo de *Dom Casmurro*, de Machado de Assis, um de meus livros prediletos. No segundo capítulo, Bentinho diz:

O meu fim evidente era atar as duas pontas da vida, e restaurar na velhice a adolescência. Pois, senhor, não consegui recompor o que foi nem o que fui. Em tudo, se o rosto é igual, a fisionomia é diferente. Se só me faltassem os outros, vá; um homem consola-se mais ou menos das pessoas que perde; mas falto eu mesmo, e esta lacuna é tudo.[1]

Ando pela vida tentando atar as pontas dela. Tentando fazer de um punhado de acontecimentos uma constelação de sentido. Junto, separo, edito, relembro, escolho, descarto, recoloco, memorizo. E toda lembrança é um esquecimento. Ao escolhermos uma parte, deletamos outras.

Quais narrativas você escolhe contar sobre você? Este é um exercício poderoso, e tive a oportunidade de pensar sobre isso quando fui convidada a dar uma palestra no TEDx, em São Paulo, em 2018.

Até então, mesmo estando havia sete anos no comando do principal programa sobre saúde da televisão brasileira – o Bem Estar, da Globo –, eu nunca tinha me permitido falar sobre depressão de maneira tão transparente. Lembro-me de uma entrevista que concedi a uma revista, na qual abordei o tema de forma superficial.

Na sequência, recebi muitas críticas nas redes sociais: "vai lavar um pouco de roupa que passa", "pergunta se pobre tem tempo de ficar deprimido" e outros comentá-

---

[1] Todos os trechos de poemas, textos e músicas são referenciados ao final do livro, na seção *Referências*. (N. E.)

rios que retratam a enorme ignorância que ainda existe sobre os temas ligados à saúde mental no Brasil.

No entanto, quando recebi o convite para o TEDx, pensei: *Sobre o que posso falar que nunca falei? Qual é a verdade que eu sempre quis transbordar, mas tenho abafado por medo de desagradar? Eu já pensei em me matar.*

Meu pai não sabia disso. Meu irmão também não. E naquele momento eu já tinha dois filhos. *Quando eles tiverem idade para assistir ao vídeo na internet, o que vão pensar? O que vão sentir?* Essas dúvidas me assolaram por um bom tempo, mas a frase se repetia em minha cabeça como um mantra: *Eu já pensei em me matar.* Uma abertura de impacto, sem dúvida. E mais: uma verdade que pesava escondida dentro de mim. Se pesava tanto para mim, talvez pesasse também para outras pessoas.

Eu sabia que, estando na TV aberta, sendo uma pessoa pública, muita gente poderia assistir à minha palestra no TEDx. Portanto, o que eu dissesse teria o potencial de ajudar outras pessoas. Com isso, a certeza era: eu precisava usar aquela oportunidade para fazer algo bom para mais gente além de mim.

Mas e o medo de me expor e de expor minha família? O que pensariam de uma pessoa que apresenta um programa sobre saúde e já pensou em tirar a própria vida?

Fiz uma reunião com três pessoas do TEDx. Elas queriam saber o que eu estava pensando em falar. Li um pouco do que havia rascunhado e, quando acabou a reunião, vi que uma delas estava bem tocada. Ela me chamou para um café e me disse que estava ali, como eu, no parapeito da janela, enfrentando uma depressão profunda, sem forças inclusive para agendar uma consulta com psiquiatra. Naquela mesma semana, eu a chamei para acompanhar meu trabalho no Bem Estar simplesmente para tirá-la de casa, para que ela tivesse companhia. Tomamos café algumas vezes e ela decidiu começar um tratamento.

A cada conversa que tínhamos, meus medos se dissolviam um pouco mais; afinal, se ali, numa sala com três pessoas, minhas poucas palavras já tinham ajudado a mudar uma história, quantas outras poderiam ser modificadas?

Mesmo que fosse só uma, já valeria a pena. Perceber que o que a gente sente ressoa em outro coração, para mim, é o sentido da vida!

Jornada de exploressência

Parte 1

O que você leu até agora fez sentido para você? Sinta-se convidado, então, a fazer alguns exercícios nesta **jornada de exploressência**.

Você já sentiu que o que tem dentro de si pode fazer sentido para outra pessoa? Quando? Pense e escreva sobre isso.

....

....

....

Se você recebesse um convite para dar uma palestra no TEDx, sobre o que falaria? Escreva sua história, pode usar um editor de textos ou um caderno, e conte-a em voz alta na frente do espelho. Nota: sua "palestra" deve durar no máximo quinze minutos!

Esses exercícios podem ser difíceis, eu sei. Porém, são igualmente poderosos e transformadores.

Nas duas fases de depressão que vivi, notei quanto faltei em minha vida. A lacuna – para retomar o termo usado por Bentinho em *Dom Casmurro* – virou abismo, precipício. Achei que não tinha volta. Afundei, achando que nunca mais conseguiria emergir. Mas era só um convite ao mergulho, a me aprofundar dentro de mim.

Você já sentiu que falta você em sua vida? Quando?

....
....
....
....

O que descobriu sobre si quando percebeu essa "lacuna que é tudo"?

....
....
....
....

2

Como ser mãe e seguir sendo a Mari que eu era?

Amamentação, medos e desejos

Para mim, algumas fases da depressão pós-parto foram mais desafiadoras que outras. Quando Miguel foi para a creche – ele tinha cinco meses –, comecei a pensar em minha volta ao trabalho e no fim da amamentação. Naquele período, o medo era meu companheiro inseparável, um guarda-costas que me acompanhava por todos os lados. Nem nos relatos que escrevia nas redes sociais eu tive coragem de contar o que estava vivenciando. Anos mais tarde, quando senti que a amamentação de João, meu caçula, estava chegando ao fim, escrevi "O que não tive coragem de escrever para o Miguel".

Eu estava de luto. Perdi as contas de quantas vezes chorei ao deixá-lo na creche. Tão pequeno, apenas cinco meses... De uma hora para a outra, meu dia ficou vazio. Tudo cabia naquelas horinhas vagas. Mas vontade de fazer alguma coisa, eu não tinha. Estava me preparando para a volta ao trabalho. Era um ajuste da rotina, mas, mais que isso, parecia um treino para uma maratona emocional.

Como seria voltar ao trabalho com o coração dividido? Como seria voltar ao trabalho com os seios doloridos de leite e os mamilos me avisando que ele estava com fome? Miguel já pegava a mamadeira. Algumas amigas tinham me dito que isso facilitaria muito meu retorno à rotina, mas ninguém me disse que a saudade doía no corpo.

Uma semana antes de voltar, peguei dengue. Foi a segunda vez que tive, mas foi a pior dor que já senti. A sensação de um ferro de passar roupa pressionando punhos e tornozelos. Febre de quase quarenta graus. E eu não queria ficar na cama. Queria aproveitar os últimos dias com Miguel. Meu maior medo era ter que parar de amamentar por causa da doença, mas o clínico-geral disse que não era preciso. O desgaste físico aumentava com a amamentação, mas eu sentia que era o que eu tinha que fazer. Afinal, que culpa aquela criaturinha tinha de eu não estar me sentindo bem? Já eu carregava todas as culpas do mundo.

Precisei adiar em uma semana a volta ao trabalho, o que só aumentou minha insegurança. Vi todos os planos feitos durante a licença aterrados por algo que me deixava quase imóvel de tanta dor. Chorei várias vezes no banheiro da Globo, por medo de não ser mais necessária ali. Medo de não conseguir voltar a fazer tão bem meu trabalho. Medo de ser negligente como mãe. Medo. Medo. Medo.

Quando chegava em casa, o que eu mais queria era pôr Miguel no peito, sentir aquela conexão inabalável e aquela certeza de que ali eu estava no lugar onde tinha de estar. Sentir que alguém realmente precisava de mim.

Mas o estresse estava ajudando a secar meu leite. Meus peitos murcharam, e Miguel, sempre glutão, começou a não querer mais mamar. Enquanto ele virava o rosto, eu inclinava meu queixo para cima na tentativa de conter as lágrimas. Insisti por um mês na luta pela amamentação. Quando ele tinha oito meses, desisti. Pedi ao meu marido que filmasse a última vez que ele estava mamando no peito. Foi o registro de todo o amor e de todos os medos juntos.

Eu tive muita sorte em contar com alguém que me orientasse desde o princípio na amamentação. Meus seios quase não racharam, meu leite desceu rápido, a pega foi fácil e, tirando a dor nas costas, meu desconforto físico foi quase nulo. Mas senti todos os medos do mundo: medo de não ser suficiente, de não ter leite, de não voltar a tempo da manicure para a mamada seguinte, de que Miguel não engordasse tanto quanto deveria, de não o ouvir me chamar de madrugada, de deixá-lo com fome, de ele não querer mais. Quando todos os medos começaram a se equalizar, meu leite secou.

Para mim, a amamentação começou a ficar gostosa depois que Miguel passou a comer bem a papinha. O leite já não era essencial para mantê-lo vivo, mas era aquele momento mais puro, mais íntimo, em que realmente só nós dois existíamos no mundo. Olho no olho. As conversas balbuciadas. O encontro visceral de sons e de cheiros de dois corpos encostados.

Eu pensei que tudo acabaria ali. O luto ficou represado. Não consegui conversar com ninguém sobre o fim da amamentação. Não consegui escrever nenhuma linha sobre o que estava sentindo. Guardei a dor e o medo de a história se repetir com meu próximo filho.

Quando João nasceu, coloquei na cabeça que queria amamentá-lo pelo menos até um ano. Com ele, porém, os primeiros dias não foram fáceis. Aparentemente, o caçula era mais preguiçoso para mamar. Uma enfermeira foi até minha casa e disse que eu precisava segurar a boca dele, fazer algumas manobras, apertar meu peito enquanto ele sugava. As mamadas eram verdadeiros suplícios. Fui ao pediatra e soube que João não estava engordando tanto quanto deveria. Não estava perdendo peso, mas não estava ganhando o ideal.

Por um momento, eu me vi à beira do desespero. Depois me lembrei de tudo. Eu já sabia o que era ser mãe. Simplesmente ser. Não ter que fazer nada. Apenas confiar naquilo que sentia, e meus instintos me diziam ferozmente que tudo aquilo estava errado, que a amamentação tinha que ser boa para nós dois.

Deixei todas as manobras de lado e permiti que ele ficasse no peito pelo tempo que quisesse, mesmo que dormisse no meio da mamada. Parei de ter vergonha de amamentar em público e, pela primeira vez, entendi que a livre demanda é, na verdade, a maior liberdade que uma mãe pode ter. Se o bebê mama quando quer, ele pode encher a barriga a qualquer momento e, assim, é impossível planejar a depilação ou o sacolão, por exemplo.

João demorou mais que Miguel para engordar. E quem disse que irmãos têm que engordar no mesmo ritmo? Em que manual está essa regra?

As mamadas do segundo filho, especialmente quando o primeiro está em casa, são diferentes. Elas perdem a calma e ganham abraços de urso e também pitadas de ciúmes, declaradas ou não. Quando João dormia no peito, Miguel sempre falava: "Tá vendo, mamãe, ele não quer mais".

Lá pelo quinto mês de licença, eu estava exausta. João ainda acordava muito de madrugada e Miguel, quando chegava da escola, queria toda a minha atenção. Senti novamente o volume de leite diminuir. Tive medo de não conseguir continuar com a amamentação, mas decidi que, por mais cansada que estivesse, tiraria um tempo para mim. Voltaria a meditar todos os dias. No dia seguinte à primeira meditação, consegui encher em meia hora uma mamadeira de 150 mililitros com a bomba de ordenha – o que era muito, já que minha produção de leite nunca foi extraordinariamente alta.

Dessa vez, conversei bastante com amigas sobre meus medos e pedi orientação para quem entende do assunto, para quem participa de grupos de mães. Acolher a mim mesma e ser acolhida foi fundamental.

Em 2018, depois de uma série que fiz sobre meditação no Bem Estar, fiquei muito cansada. Tive uma dor de garganta que não passava; mesmo depois de tomar antibiótico, corticoide e anti-inflamatório, a dor continuava. Cansei de ouvir de médicos que eu deveria parar de amamentar, que já estava bom, que o bebê não precisava mais, que o desgaste físico da amamentação estava maltratando meu corpo. Mas eu não queria parar.

E a dor também não parava. Um mês depois, ela mudou de lugar, ficou mais baixa, bem na base do pescoço, entre as clavículas. Liguei para o médico, que me chamou ao consultório: "Preciso apalpar sua tireoide". Pediu um ultrassom e alguns exames de sangue. Já com os resultados, ele me disse: "Você está com tireoidite viral".

Mesmo tendo trabalhado no Bem Estar durante seis anos, eu nunca tinha ouvido falar naquilo. Ele explicou: "Qualquer vírus pode atacar a tireoide. Sua imunidade está baixa, e o chato é que não dá para saber quanto tempo esse desconforto vai durar". O desconforto incluía, além da dor, inacreditáveis variações de humor que me fizeram pensar que eu estava novamente à beira da depressão, dor nas articulações, fome, cansaço, dificuldade para dormir e calor extremo, como se estivesse na menopausa.

"Os remédios são apenas para amenizar os sintomas. A gente tem que esperar e repetir os exames." Tomei a medicação por dez dias e, depois disso, decidi que aguentaria os sintomas, dando tempo ao tempo.

Na primeira semana de férias, eu ainda estava sentindo tudo aquilo. Fui dar uma palestra em Goiânia e emendei três dias em Alto Paraíso, em um retiro. Até então, o máximo de tempo que já tinha ficado longe de Miguel e João havia sido uma noite – para gravar o Bem Estar Global. Mas eu estava precisando daquilo, sentia que seria bom para mim.

Tirei leite na pia, no banho. Os peitos doloridos, novamente entumecidos. Eu queria parar de amamentar nas férias, antes de João começar na escola, para fazer uma coisa de cada vez, mas não queria sumir por quatro dias e deixar o peito desaparecer de uma vez da vida dele.

Quando voltei para casa, minha sogra abriu a porta com João no colo. Ele me olhou meio desconfiado por uns dois segundos, depois escancarou aquele sorriso divino e disse: "Mamá, mamá". Era assim que ele me chamava e era assim que ele falava quando queria mamar. Miguel saiu correndo e veio abraçar a gente. "Abraço triplo, oba!" Ficamos abraçadinhos por uns segundos eternos e, então, fui dar de mamar para João. Agora, só de lembrar esse momento – o escurinho do quarto, a pele macia, o pijama quentinho, a almofada sob o braço, a respiração de um e de outro entrando no mesmo ritmo aos poucos –, sou toda suspiros.

Dois dias depois, Miguel foi me acordar dizendo que João já tinha acordado. Quando cheguei ao quarto, Miguel estava distraindo João no berço com aquela vozinha doce de irmãos mais velhos quando falam com os pequenos quando ninguém está por perto. Eles estavam ótimos. Pareciam mais unidos depois de minha breve ausência. Peguei João no colo, e ele disse: "Mamá, mamá".

Percebi que meu peito estava vazio. Ele tentou sugar. Mudei de peito. Não resolveu. "Filho, acho que o leite da mamãe está acabando." Miguel fez um cafuné no irmão: "Não tem mais nada aí, Pupão".

João olhou para o irmão com um olhar suave, tranquilo. Olhou para mim. Senti meus olhos refletirem a doçura da cena. João saiu do colo e foi brincar com o irmão na sala. Depois, nós três tomamos café da manhã juntos.

Para mim, ser mãe é viver a ambivalência, a luz e a sombra misturadas o tempo inteiro. A ambivalência faz parte da maternidade, até mesmo naquela tão tradicional frase de que não gosto: "Ser mãe é padecer no paraíso". A maternidade é uma função com a qual não estamos acostumadas. Nascemos filhas, e muitas de nós não queremos abandonar o conforto dessa posição para nos tornarmos mães. No entanto, ainda que não precisemos deixar de ser filhas para virarmos mães, não fomos ensinadas a conciliar papéis.

Nossa sociedade exige uma dualidade cruel: ou somos isso, ou somos aquilo. O tempo todo nos colocam em caixas – e desencaixotar-me e livrar-me de qualquer rótulo (os que me impuseram e os que eu mesma me impus) foi a razão pela qual decidi criar a jornada de exploressência do Unboxing.Me.

Praticantes de *tai chi chuan* começam as aulas com os pés unidos e os braços pendentes ao lado do corpo, representando a não separação, aquilo que éramos antes de chegar a este corpo que habitamos. Seria uma espécie de estágio anterior ao *yin-yang* – o par de forças fundamentais do universo, antagônicas e complementares. Essa postura de pés unidos representa o vazio (*wuji*) em que tudo cabe e tudo é.

Poderíamos pensar que esse vazio é como o ventre materno que Octavio Paz, vencedor do prêmio Nobel de Literatura, descreve em *O labirinto da solidão* como o lugar onde "não existe pausa entre desejo e satisfação". Para mim, esse vazio é anterior: é o lugar onde não existe desejo, porque nada falta. Passamos a vida inteira sentindo saudade desse lugar.

A segunda postura da aula de *tai chi chuan* começa quando o praticante desloca o peso para a perna direita, tira o calcanhar esquerdo do chão, abre as pernas flexionando um pouco os joelhos e distribui o peso do corpo igualmente nas duas pernas: essa é a representação de nossa encarnação da vida na Terra: não somos mais um, unos; somos duais. A partir desse momento, sempre nos faltará algo. Vejo essa falta como a memória daquele vazio, daquele estado de comunhão absoluta com o todo de que viemos. E na maternidade nós nos damos conta de que esse excesso de desejos pelos quais nos sentimos responsáveis, especialmente com recém-nascidos, não combina com nossos próprios desejos. O que fazer?

Em uma viagem com Miguel e João para Cancún, combinamos de passar um dia no hotel e que, nesse dia, cada um poderia escolher algo para fazer. Quando chegou minha vez de dizer meu desejo, o que consegui falar foi: "Gostaria que vocês ficassem cinco minutos sem querer nada para eu pelo menos tentar descobrir o que quero fazer".

Ficamos tão assoberbadas tentando dar conta dos desejos dos filhos que muitas vezes não sabemos o que nós mesmas queremos. Esse assunto me faz pensar em um conto de Paulo Mendes Campos, "O pombo enigmático", que conta a história do casamento de um pombo e uma pomba no mais alto beiral da Igreja da Candelária, no Rio de Janeiro. Eles marcam um horário: às quatro em ponto! Ela chega, toda arrumada. Quatro e dez, nada do pombo. Quatro e quinze, nada.

> Como custa a passar um quarto de hora para uma noiva que espera o noivo no mais alto beiral. Como a brisa é triste. Como se humilha em revolta a noiva branca. "Ah", arrulhou de repente a pomba, quando distinguiu, indignada, o pombo que chegava, o pombo que chegava caminhando pelo beiral mais alto, do outro lado, lá onde, um pouco mais além, gritavam esganadas as gaivotas do mar pardo do mercado. Irônica, perguntou a pomba:
>
> — Perdeste a noção do tempo?
>
> — Perdão, por Deus, perdão — respondeu o pombo. — Tardo, mas ardo. Olha que tarde...
>
> — Que tarde? — perguntou a pomba.
>
> — Que tarde! Que azul! Que tarde azul!
>
> — Mas e eu?! — disse a pomba. — Sozinha aqui em cima!
>
> — A tarde era tão bonita — disse o pombo gravemente —, a tarde era tão bonita, que era um crime voar, vir voando...
>
> — Mas e eu? Eu?! — queixava-se a pomba.

— A tarde era tão bonita — explicou o pombo com doce paciência — que eu vim andando, eu tinha de vir andando, meu amor.

Eu sinto que nós, mães, somos pombas no mais alto beiral da Candelária, berrando aos quatro ventos: "Mas e eu?!". Ficamos ali, paradas, esperando um tempo que custa a passar enquanto deixamos que o outro veja o mundo com olhos de descoberta e encantamento, olhos de experimentar pela primeira vez. E as primeiras vezes nunca seguem nosso relógio; elas têm um tempo, uma cadência e um ritmo que pertencem apenas ao privilegiado inaugurador daquela primeira vez.

E as crianças estão inaugurando o mundo o tempo todo. Estreando no mundo o tempo todo. A gente também já fez isso. Parte do nosso desejo se satisfaz em olhar aquele ser vendo o mundo pela primeira vez, mas parte da gente quer ter as próprias estreias, continuar se inaugurando, seguir vivendo em outro ritmo.

A maior revolta que já tive com Deus foi durante minha primeira fase de amamentação. "Por que diabos o Senhor não deu peito para os homens amamentarem?" Era essa a pergunta que eu me fazia todo dia. Sinto que foi ali que virei feminista de verdade, dando o peito, virando madrugadas, enquanto tudo doía e meus desejos latejavam.

Durante a amamentação de João, quando decidi fazer livre demanda, quando estava mais tranquila em meu papel de mãe, quando desde o começo tive ao meu lado minha sogra e uma babá me ajudando, consegui realmente dar o peito. Dar o peito no sentido mais simbólico: oferecer-me para o amor. Naqueles momentos de entrega, de redenção, com João mamando, eu me senti na postura inicial do *tai chi*, onde nada me faltava.

E isso só mostra o quanto a maternidade é realmente ambivalente. O único jeito de não padecer no paraíso é reconhecer que mãe também é gente: segue tendo fome, sono, calor, frio, vontades, desejos.

Mamãe também é gente é o título do livro infantil que eu mentalizava todos os dias quando me ouvia reproduzindo internamente a fala da pombinha de Paulo Mendes Campos. Ainda não o escrevi, mas tirei um poema dessas ideias.

Guardo as minhas vontades
não tão à vontade
dentro de mim.

No meu peito cabe
o meu amor por ti,
mas será que sobra
meu amor para mim?

O meu peito abre
dói, se retrai,
vaza, nutre.

O meu peito clama
meu coração me chama
você me implora
meu peito é chama.

Preciso fazer diferente,
e o diferente agora
é também cuidar de mim.

Não te descuidar
e desnudar-me, vasculhar-me,
escutar-te e respeitar-me.

Cuidar de mim
pode desagradar-te,
mas, se me atraso,
não é para me demorar a ti.

Cuidar de mim:
simplesmente amar-me.
Como pode ser tão difícil?

Quanto tempo mais me demoro?
Quanto tempo mais me devoras?
Quanto tempo mais me apavoro?

Cuidar de mim:
com os pés no chão,
com as mãos na terra,
com a mente límpida.
Amando-me sou livre
para amar-te mais!

Preciso de mim
para estar ao seu lado.
Vem, fica perto!
Meu coração já está aberto.

Jornada de exploressência

Parte 2

> "É apenas quando nossas vidas quase se encontram por terminar que essa preocupação ancestral com o destino assume um caráter diferente. Começa a fazer-nos ver através da névoa das ocupações diárias. Infelizmente, este despertar sempre vem de mãos dadas com a perda da energia causada pelo envelhecimento, quando não temos mais força para transformar nossa preocupação em descoberta pragmática e positiva. Nesse ponto, tudo que permanece é uma angústia amorfa e penetrante, um desejo por algo indescritível e a simples raiva por haver perdido tudo."
>
> *O poder do silêncio*, de Carlos Castaneda

Sinto esse trecho como uma provocação para não nos deixarmos penetrar pela angústia amorfa nem sermos tomados pela raiva de perder tudo. Não precisamos estar à beira da morte para ver através da névoa das ocupações diárias.

O que você leu até agora fez sentido para você? Fica meu convite, então, para um exercício. Elabore uma pequena lista do que pretende fazer amanhã.

....
....
....

Na sequência, pense: em dez ou vinte anos, quais dessas tarefas realmente farão diferença em sua vida?

....
....
....
....

Esse simples exercício já pode ajudá-lo a ver de maneira mais límpida, a vislumbrar no horizonte a realização de alguns desejos que gritam em suas profundezas. Agora, conte-me: você declara seus desejos? Ou pelo menos os reconhece? Sabe dizer quantos anseios aí dentro seguem reprimidos?

Escreva três desejos que moram dentro de você.

....
....
....
....

Já abandonou algum desejo pulsante? Por quê? Por quem?

....
....
....
....

Você sente que, para cuidar de outras pessoas, abre mão de cuidar de si?

....
....
....

Segue uma sugestão de autocuidado que conheci em *O caminho quádruplo*, de Angeles Arrien: deite-se de costas no chão ou no colchão e repouse as mãos na altura do coração, uma sobre a outra (em muitas culturas, esse gesto simboliza cura). Respire fundo e reconheça as virtudes de seu caráter, sua força e as contribuições que já fez ao mundo, por menor que tenham sido. Agradeça o amor que já foi capaz de oferecer aos outros e o amor que já recebeu.

Mantenha-se por aproximadamente vinte minutos nessa jornada de amor-próprio e experimente fazer isso ao menos uma vez por semana.

3

Mas e eu?!
Ser invisível *versus* aparecer na TV

Já ouviu falar em *sawubona*?
Sawubona é a saudação mais comum entre o povo zulu, que vive na África do Sul. A palavra quer dizer "eu vejo você", mas seu significado é muito maior que isso. *Sawubona* é um jeito de mostrar que minha atenção está em você, que eu me permito descobrir suas necessidades, vislumbrar seus medos, aprofundar-me em seus erros e aceitá-los. A essa saudação, os zulu costumam responder *shikoba*, ou "eu existo para você". Esses termos tornaram-se internacionalmente conhecidos depois que Peter Senge, professor e diretor do Centro para a Aprendizagem Organizacional do Instituto de Tecnologia de Massachusetts (MIT), descreveu em *A quinta disciplina* um ritual típico de aldeias da província de KwaZulu-Natal, na costa da África do Sul.

Quando um sul-africano do povo zulu comete um erro ou um ato inapropriado, os outros integrantes da tribo o levam para o centro da aldeia e passam ali dois dias reunidos relembrando tudo o que aquela pessoa já fez de bom, suas virtudes e suas qualidades. Para esse povo, todos os seres humanos nascem bons, e esse ritual é uma forma de a pessoa lembrar sua essência, sua verdadeira natureza. Assim, o erro se transforma em um passo para o aprendizado, não um caminho para a punição.

Esse ritual também é uma forma de descansar em comunidade, ou, como minha professora de ioga Micheline Berry costuma dizer, "encontrar a casa do pertencimento". Quantos de nós passamos a vida buscando simplesmente pertencer?

Para os zulu, é simples: o indivíduo humano só existe se ele for visto e aceito pelos demais. A comunidade faz a pessoa. E, se a comunidade a perdoa, essa pessoa existe novamente e por isso responde *shikoba*.

Como diz Mia Couto, escritor nascido em Moçambique, "a gente se acende no outro". É no outro que a gente transcende. É no outro que me vejo, que chego mais perto de descobrir quem sou, que passo a existir.

Mas quantas vezes já me senti inexistente para o outro? Invisível?

Na virada de 2019 para 2020, tive um sonho: portas largas e altas, duplas, antigas – como as da casa de meu avô Laertes, mas maiores. É uma casa que me chama. Talvez para ser minha, talvez para me mostrar algo que eu nunca vira.

Meu avô abre as portas. São duas. Uma na frente e outra atrás, como clausura de garagem. Meu avô enclausurado num mundo imponente, altivo, antigo, só dele. Guardião de um castelo sem reino, solitário sem se perceber sozinho por ter a companhia gigante do próprio ego.

Passo rapidamente, e quem abre a segunda porta da clausura é meu pai. Está disposto e empolgado. Quer me mostrar a casa. Em um relance, vejo apenas uma janela de ponta a ponta – na horizontal da casa –, com um pôr do sol alaranjado, um lindo horizonte de esperança que não parecia chamar a atenção dele. Meu pai quer me mostrar os vários cômodos da casa, que era grande e toda compartimentada. No primeiro andar, há um menino com deficiência mental e numa cadeira de rodas. Seria paralisia cerebral? Meu pai não o vê, mas eu o olho nos olhos: uma pessoa com as mãos contorcidas, sem controle das próprias ações, querendo carinho.

Por todos os cantos da casa, livros espalhados, poeira, bagunça. Meu pai não parece enxergar o mesmo que eu. Segue empolgado.

No segundo piso, uma adolescente vestida com a mesma roupa da filha pequena. A moça deixa a menina escorregar do colo, e a pequena cai de cabeça no chão. Tento agarrá-la, mas não consigo. Chego segundos atrasada para salvá-la da queda. Meu pai não vê o tombo, ou, se viu, pareceu não se incomodar. Ele segue na função de me mostrar tudo, me leva a uma escada, empolgado, e eu concluo que provavelmente no andar superior está a parte mais interessante da casa. Seria aquele lugar o antigo consultório de meu avô? Haveria pacientes à espera? Queriam a cura? Teriam cura?

Ao subir a escada, percebo uma música. *É o Tito, o Tito está lá em cima*, lembro-me de ter pensado. Tito era meu avô paterno, que gostava muito de ouvir música em alto volume. Ouvia no volume máximo, mesmo quando todos reclamavam que queriam conversar e não conseguiam. Ele se embriagava de canções latinas em seu romantismo. Eu, quando criança, achava chato e bonito ao mesmo tempo – entendia que, por amar tanto algo, ele queria compartilhar com as pessoas de quem ele tanto gostava; mas, sem a delicadeza de perceber o outro, o que ele gerava era um tremendo desconforto.

Guardei o sonho na memória. Um sonho sobre o qual meditei depois.

Na meditação, me veio a palavra "invisibilidade".

Nenhum deles me via. Era comigo que falavam, era para mim que mostravam a casa. Mas não me enxergavam. Queriam apenas me mostrar o que viam, queriam que eu visse o mundo deles. Mas não viam o meu. *Invisibilidade.* Desde quando?

Outro dia, lendo *O atlas do coração*, de Brené Brown, identifiquei--me com a parte em que ela conta que tinha o poder de prever o desfecho das situações ao observar a ligação entre pensamentos, sentimentos e comportamentos. Eu sempre fui uma grande observadora de gente. Será que por enxergar tão bem os outros tornei-me invisível? O que sei é que, ao observar os outros, eu pensava saber o que eles queriam que eu fizesse para gostarem de mim. E minha régua era muito alta.

Durante a infância e até boa parte da minha juventude, eu achava que ser perfeccionista era uma qualidade. Como diz a própria Brené Brown, o perfeccionismo não melhora ninguém; na verdade, trata-se de uma busca insana por aceitação e aprovação. A maioria dos perfeccionistas cresce sendo elogiada pelas conquistas e pelas performances, ao que a régua de "ser bom o bastante" sobe cada vez mais.

Consigo contar nos dedos da mão as vezes que tirei menos de 9,5 em uma prova. Até aí, sem problemas; eu gostava (e gosto) muito de estudar e me interesso pela maioria dos assuntos sobre os quais me proponho debruçar. O que me consumia era uma vergonha imensa de errar, um pensamento aterrorizante de que meu valor estava atrelado a "ser perfeita".

Em resumo, tornei-me essa grande observadora do comportamento humano simplesmente porque tinha a necessidade de agradar a todos. Meus pais diziam que eu não dava trabalho, mas eles talvez não soubessem o trabalho que dava não dar trabalho. O que me mais afligia era: "O que eles vão pensar?". O que me importava era sempre o olhar do outro. Foi assim que, durante muito tempo, eu me esqueci de olhar para mim mesma. Fazendo muito esforço para ser amada, para não dar trabalho, para não desagradar a ninguém. Fazendo muito esforço, inclusive, para meditar.

Shakti Gawain, autora do livro que ganhei do dono do sebo quando nova, é especialista nas afirmações positivas e na imaginação criativa da realidade que você almeja alcançar. De minha parte, aprendi a visualizar com precisão realidades que eu acreditava que me deixariam mais perto de "ser perfeita": um corpo ideal, um namorado ideal, um emprego ideal com o salário ideal.

No entanto, o que eu almejava alcançar era a aprovação dos outros, o tal pertencimento. E, depois de tanta invisibilidade, que caminho deveria seguir para me tornar visível? A TV, claro, uma tela de luz colorida que prende a atenção das pessoas. E a maior emissora do país, óbvio. Na época, não tinha quem não acompanhasse a Globo – 10 milhões de pessoas por minuto assistiam ao Bem Estar.

Mesmo assim, como eu me sentia? Invisível. Ser vista por tanta gente não resolveu a ferida da infância. E agora me dou conta de que só quem pode curar essa ferida sou eu mesma.

Tudo isso me veio naquela meditação depois do sonho, assim, feito um clarão de luz em frente ao espelho, um choque de realidade que eletriza o corpo em lágrimas. Uau! *Que benção esse sonho*, pensei, chorando.

Eu me enxergo na minha invisibilidade. Talvez pela primeira vez me veja de maneira tão clara.

Só o silêncio
congrega qualidades
de revelação.

O que vejo
não sei dizer.

O que vejo
não é para ser dito.

Místico
fim de mim
em mim.

Princípio
artístico
começo do fim.

Morada
do nada.

Do oco
da estrada
do pé descalço,
do incauto.

Caixa
aberta,
arestas em fresta.

Festa no vazio cheio de mim.

Jornada de exploressência

Parte 3

Você já teve uma revelação sobre si mesmo que o levou ao silêncio profundo? Qual?

....
....
....
....

Costuma ficar em silêncio para que as revelações surjam?

....
....
....
....

Em um mundo tão barulhento, precisamos treinar ficar em silêncio. Quero convidar você a tirar alguns minutos por dia para se ouvir. Tente parar por alguns instantes (não precisa ser muito), respire fundo e pergunte a si mesmo: "O que eu gostaria de dizer a mim mesmo neste momento?". Se preferir, pode registrar aqui.

....
....
....
....

Gosto muito de uma meditação do Davidji que está no Spotify. Eu a traduzi do inglês e gravei para o Insight Timer, aplicativo em que tenho várias meditações gratuitas. A meditação se chama "Fluxo do amor".

Há um centro no nosso corpo onde o amor e o espírito se encontram, e esse centro é o coração. É o seu coração que dói ou se enche de amor, que sente compaixão e confiança, que se sente vazio ou cheio demais.

Nele, há um núcleo ainda mais sutil, onde está o espírito, mas você não o pode sentir como uma emoção ou sensação física. O espírito fica sob as camadas de sensações, e para experimentá-lo é preciso mergulhar no seu coração, concentrar-se e meditar profundamente até que tudo aquilo que obscurece o contato com o espírito seja limpo. Nas palavras do poeta místico William Blake, você, então, estará limpando as portas da percepção.

Nessa meditação, vamos ouvir as mensagens que o nosso coração quer nos enviar. Começaremos a limpar qualquer coisa que o esteja bloqueando, a fim de que possamos experimentar a pureza e o brilho do nosso espírito, que é a nossa verdadeira natureza.

Primeiro, sente-se de maneira confortável e feche os olhos. Apenas nesse momento, deixe de lado qualquer pensamento sobre o mundo lá fora. Foque a atenção no centro espiritual do seu coração, bem no meio do seu peito, e esteja consciente do seu coração como um espaço.

O centro do coração é um ponto de atenção no qual os sentimentos entram. Na essência, o coração é pura abertura, recheado de paz e de uma luz sutil. Essa luz pode aparecer para você em diversas cores – branco, rosa-pálido, azul ou até mesmo verde. Mas não se force a enxergá-la. Tudo o que você precisa sentir é o que já está aí.

Descansando sua atenção de maneira relaxada no centro do seu coração, respire com gentileza e sinta a respiração fluir em direção ao seu coração. Talvez você queira imaginar uma luz bem suave ou uma brisa preenchendo seu peito; deixe a respiração entrar e sair.

Enquanto isso, pergunte a seu coração o que ele precisa lhe dizer. Mas não faça isso como se fosse uma ordem. Apenas tenha a convicção, a intenção de fé, de que quer que seu coração se expresse. E, pelos próximos instantes, mantenha-se sentado e ouça.

O seu coração vai liberar emoções, memórias, receios e sonhos que ficaram guardados por muito tempo. Enquanto isso, você percebe que está prestando atenção. Fique em silêncio por alguns instantes.

Você pode ter um *flash* de emoções fortes – negativas ou positivas –, sua respiração pode mudar, você pode engasgar ou piscar, podem surgir memórias esquecidas havia muito tempo, talvez lágrimas escorram. Apenas deixe a experiência fluir.

Se sonhar acordado, imaginar coisas ou pegar no sono, não se preocupe; apenas traga outra vez, com gentileza, a atenção para o centro do seu coração. Se ele falar com você sobre tristeza, medo, deslumbre ou prazer, essa é a mensagem exata de que você precisa. Se começarem a chegar vozes de raiva, preocupação ou dúvida, permita que elas falem e deixe que elas passem tranquilamente.

Você está aprendendo a estar com seu coração para que ele mostre o significado espiritual do que estava escondido – isso é meditação.

Você está aprendendo a liberar material reprimido – isso é purificação.

Você está ouvindo seu coração sem julgamento – isso é atenção.

Então, traga a atenção para o coração agora e apenas ouça.

À medida que praticar essa meditação, passando alguns minutos diários com o seu coração, você terá vislumbres de como ele é de verdade: silencioso, em paz, com um brilho quente e uma luz sutil. Mesmo que esses vislumbres não surjam com frequência, as mudanças fora da meditação serão perceptíveis, em momentos inesperados da vida, quando você sentir alegria e bem-estar.

Você vai andar com mais apoio nos próprios passos – sinal de que a constrição que você carregava no centro do peito está começando a ficar menos apertada, a soltar seus grilhões. Deixando o aperto sair, você vai sentir o espírito entrar. Na verdade, ele não entra, porque sempre esteve com você. Mas ao fazer contato com ele, você se deixará ser penetrado pela luz e pelos *insights* – esse é o fluxo do amor!

4

A ferida da invisibilidade
Como curar um machucado que a gente não vê

Escrevo aqui sobre uma personagem que criei para contar a mim mesma um dos momentos mais difíceis de minha vida: uma discussão entre meu pai e minha mãe que ouvi da sala de casa.

Quando a conversa ficou séria, passei a procurar por padrões na estampa verde-amarela do sofá, qualquer coisa que me desligasse daquilo que eu não queria ouvir. Encontrei uma forma que parecia um papagaio. Ali, aconteceu o que psicólogos e psicanalistas chamam de "dissociação": uma alteração na consciência que distancia as pessoas da realidade. É uma espécie de desconexão de si mesmo. Uma forma de fugir de um momento muito difícil. Na história que inventei, a personagem está se lembrando desse momento.

Ela foi pra casa e ficava pensando na estampa do sofá. Aquela lembrança foi pano de fundo de sua vida inteira. A discussão na cozinha, pai e mãe falando alto e ela se escondendo na sala, tentando entreouvir a conversa pela fresta da porta.

A menina percebia que algo estava errado. *A mãe chorava? Ou o pai? O tom de voz dos dois baixava quando o assunto era sério demais. Ou triste demais? Ele contou que a traíra? Ela descobriu? Como? Com a secretária?*

A cada pergunta que aparecia em sua cabecinha de 8 anos, ela buscava mais figuras concretas na estampa do sofá. Achou um papagaio e conseguiu não ouvir mais a conversa. Procurava rostos, flores, pratos, qualquer padrão que distraísse seu cérebro.

Mas as lacunas estavam lá, como fendas que se abriam sob seus pés. Os pais iam se separar? Esse era o maior medo de todos – muito pior que todos os pesadelos com cobras cobrindo o chão, com tubarões em um labirinto sem saída. "Os pais iam se separar?", o papagaio parecia repetir a pergunta, como se fosse a única frase que aprendera a falar.

Ela ficou no sofá e não chorou. Só se levantou quando não ouvia mais nada a não ser o barulho tradicional da mãe arrumando a louça. Decidiu sair da sala disposta a fazer tudo dar certo. Ficou no sofá a infância alegre, leve e despretensiosa. Sentia-se pronta para não permitir que os pais se separassem.

A partir daquele momento, ficou mais atenta à mãe, nunca dava trabalho, ajudava com o que fosse preciso. A partir daquele momento, não deixava o pai sozinho no quarto, tinha sempre algo a compartilhar, um poema, um passo de dança, uma música. O importante era mostrar-lhes como eram felizes juntos, quanto perderiam se não estivessem mais ali naquela casa.

Ela não percebia que saíra daquele sofá também com a sensação de abandono que carregaria vida afora. O abandono de quem deixa de ser cuidado e passa a cuidar. Não percebia que havia ferido seu equilíbrio entre masculino e feminino. E que, provavelmente, ali deixara também sua chance de ser feliz.

A memória ainda nublava seus pensamentos quando chegou em casa. Fazia esforço para esquecer a estampa do sofá, mas as figuras continuavam aparecendo sobrepostas como pedaços de gaze usados para fazer gesso no hospital. Ela, engessada naquela cena, ainda tinha de ler o contrato de venda de seu antigo apartamento que o ex-marido enviara na semana anterior.

Sentou-se à escrivaninha do filho, a única mesa da casa que tinha janela por perto. As flores do ipê desprendiam-se com o vento como pequenos paraquedas. Algumas desciam suavemente até pousarem no capô dos carros estacionados na rua. Outras despencavam arrancadas pelas gotas da chuva que engrossara. Caíam sem amparo, às vezes desviavam-se ao se chocarem uma com a outra ou com galhos das árvores. Estas acabavam disformes, pareciam bailarinas bêbadas com o tule virado do avesso depois de um tombo na sarjeta.

O e-mail com o contrato seguia piscando na tela com a mensagem: "Olhe, por favor. Só falta seu OK para dar continuidade ao processo".

A vida toda fora uma sequência de continuidades em processos. Nunca se permitiu ficar suspensa, como as flores do ipê. Nunca houve pausa na missão de agradar os outros.

Na semana seguinte, mais uma vez, não conseguiu contar à terapeuta sobre a cena do sofá. O papagaio estava lá, o tempo todo, estampado em sua memória, alardeando as mesmas expressões: "traição", "desamparo", "abandono", "falta de chão", "trabalho", "responsabilidade". Mas ela simplesmente não as conseguia dizer. E se não tivesse visto aquela cena? Como estaria sua vida agora?

Hoje já conversei algumas vezes sobre essa cena com mais de uma terapeuta e também falei sobre isso com meu pai. Nunca é fácil relembrar o que dói. Não tenho ideia de quem eu seria se não tivesse presenciado aquela cena e se o papagaio não tivesse sido pano de fundo dos meus pensamentos por tantos anos.

O que sei é que, naquele momento, ao não permitir que meu pai e minha mãe percebessem que eu estava ali e ao silenciar meu sofrimento depois de ouvir aquela conversa, eu me tornei invisível para mim mesma. Algo muito forte aconteceu aqui dentro: uma chave trancou parte de meu coração, como se nele houvesse um segredo imenso, inconfessável, que demandava muito esforço para se manter secreto. Ninguém podia saber que eu sabia e ninguém podia sentir o que eu sentia. O medo da separação de meus pais era um medo de perder o chão, de ficar sem casa – um pânico.

Como não permitia que eles percebessem que eu estava sofrendo e com muito medo, comecei a me sentir invisível. Mais que isso, neguei meu medo e meu sofrimento e passei a acreditar que era capaz de transformar aquela situação. Tornei-me invisível para mim mesma ao negar sentimentos profundos que precisavam ser reconhecidos e acolhidos.

Daquele momento em diante, não parei quieta. Fui criando distrações e uma agenda cada vez mais cheia para não ter tempo de olhar para o que estava dentro de mim. Eu escrevia listas do que fazer durante o dia só para não correr o risco de sobrar um tempinho sem fazer nada. Eu ajudava minha mãe nas tarefas de casa e ficava conversando com ela o tempo inteiro para ela não ter tempo de pensar. Aprendi a manter a mente ocupada e a ocupar a mente dos outros. Como eu era uma tremenda observadora de gente, logo aprendi a falar sobre assuntos de que meu pai e minha mãe gostavam. A gente conversava, e eles não precisavam pensar: essa era minha lógica, ainda que inconsciente.

Montei um grande esquema de defesa num campo em que não deveria haver batalhas: minha própria casa, minha família. E pior: a guerra que eu tentava vencer do lado de fora.

Em *O atlas do coração*, Brené Brown cita a pesquisadora Trisha Raque-Bogdan para falar sobre as estratégias de defesa que criamos para nos proteger de traumas:

Para evitar a dor e a vulnerabilidade que podem surgir quando nossos esforços de conexão não têm sucesso, as pessoas podem criar suas próprias estratégias de desconexão, escondendo, por exemplo, partes de si mesmas ou descontando suas necessidades nos outros. Elas podem aprender que é mais seguro manter seus sentimentos a salvo e seus pensamentos para si mesmas do que compartilhá-los nas suas relações.

Isso significa, completa Brené, que, "em vez de apostarem suas fichas na conexão e terem a proposta negada ou rejeitada, elas fingem que não precisam de ninguém. E essa é a receita perfeita para a solidão e a culpa".

Uau! Isso faz muito sentido: cresci dizendo a mim mesma que eu era autossuficiente. Nada pode ser mais mentira! Preciso de conexões assim como preciso de água, comida e sono. Também não sei de onde tirei a ideia de que eu, uma criança, poderia de algum modo garantir que aquele casal ficasse junto. Eu vivia numa espécie de onipotência egoica, como se o mundo girasse ao meu redor e eu pudesse conduzi-lo. Mas, para isso, eu precisava manter tudo sob controle, numa imensa ilusão que, na minha cabecinha, fazia muito sentido.

Não é preciso ser psicólogo para entender que quem quer manter tudo sob controle está mais sujeito a sofrer, já que há duas grandes certezas na vida: a morte e a instabilidade. Nada – ou quase nada – acontece como planejamos, desejamos ou sonhamos. Assim, manter tudo sob controle se transformou em obsessão e, depois, em um fardo que ainda arrasto pela vida adulta. Na contramão disso, escrever, para mim, é uma das maneiras de deixar tudo meio fora de lugar. Quando começo, não sei onde vai dar. É delicioso, fascinante e assustador. Sem dúvida, um tesão. E também uma cura. Quando escrevo, eu me vejo, me sinto, me recupero, me resgato.

Enquanto trabalhava neste livro, tive um sonho com meu filho João. Ele estava com o joelho ralado, mas, quando eu olhava, o machucado sumia. Não sei se a pele se regenerava com meu olhar ou se o que eu estava vendo era algo passado em processo de cicatrização.

No livro *A maior de todas as mágicas*, James Doty escreve:

> Todos na vida passamos por situações que causam dor.
> Eu as chamo de feridas do coração.
> Se você as ignorar, elas não ficarão curadas.
> Às vezes, porém, é ao ser ferido que nosso coração se abre.
> Não raro, são as feridas do coração que lhe dão a maior oportunidade de crescer.
> As situações difíceis. Dádiva mágica.

Sinto que uma de minhas dádivas mágicas é treinar meu olhar para mim mesma. Tanta gente me diz: "Ah, se você se visse como eu a vejo". Fato é que muitas vezes realmente não me enxergo, ou apenas almejo que os outros me vejam para que eu tenha certeza de quem sou. Sei que a busca por reconhecimento é natural, mas, convenhamos, pode ser cansativa, desgastante e perigosa.

Outro dia vivi algo revelador: saindo de uma cachoeira com o Thiago, meu companheiro, paramos sobre uma escada de pedras para nos beijarmos. Ele no degrau de baixo, eu no de cima. O degrau era estreito e, para alcançar sua boca, meus dedos dos pés ficavam para fora. Com os pés mal apoiados, fiquei fora do meu eixo, absolutamente desconfortável. Recuei. Ele não se aproximou para me beijar.

Ficamos frente a frente, próximos, mas separados, cada um num degrau. Fiquei à espera por mais alguns instantes e decidi: se ele não fizer o movimento, não vou sair do meu equilíbrio e do meu conforto para o beijar. Ficamos parados até que constatei: *Você não vem mesmo, né? Não vai fazer o movimento em minha direção?*

Era um teste para mim mesma, não para ele. Por que alguém faria o movimento em minha direção, se eu sempre fiz o movimento na direção do outro? É até difícil descrever tudo o que aquele simples momento me contou sobre minha própria história.

Lembrei-me de algumas cenas com minha mãe, de quando dançávamos tango na sala de casa. Ela havia se apaixonado pela dança, estava fazendo aulas particulares e queria praticar. Eu queria treinar com ela? Não sei. Mas queria estar perto. Eu via o quanto ela adorava ensaiar e me sentia uma guardiã sempre à espreita para impedi-la de sair de casa, para evitar que ela quisesse estar em outro lugar. Tudo por medo da solidão, por medo de ela fazer o movimento na direção oposta à minha. Eu ia ao encontro dela, buscando a cada passo o ajuste, a aprovação, a aceitação e o controle. Eu me esforçava para ela querer ficar porque eu sentia medo de que ela partisse. Partiu para sempre, anos mais tarde.

No hospital, quando ela foi internada, quem me via? Era só eu olhando aquele corpo de mãe naquela cama. Ela de olhos fechados, eu de olho nela: nas escaras que a cada dia surgiam na pele macia e jovem, no cravo que resisti para não espremer, nos monitores cardíacos e de pressão intracraniana. Todos os dias a mesma paisagem com a luz de abril e maio descolorindo o outono.

Eu, testemunha do pôr do sol aquarelado em mais um crepúsculo da vida. Descia da UTI e saía no pátio do hospital para cantar para a lua um trechinho da música do Katinguelê.

    Lua vai
    iluminar os pensamentos dela,
    fala pra ela que sem ela eu não vivo,
    viver sem ela é meu pior castigo.

A lua me viu. A lua me via. A lua me vê.

Minha mãe nunca mais abriu seus olhos tão azuis. Minha mãe nunca mais me viu. Nunca mais me ouviu chamar. Muitas vezes sinto o luto como uma camada da minha pele, uma contenção retida na tensão da obrigação de existir.

Anos antes, quando perdi a mãe da minha mãe, vovó Nininha, tive muita vontade de ir embora com ela. No velório, ao tocar na mão gélida dela no caixão, prometi ficar por amor: "Vó, vou viver só para ser uma avó tão legal quanto você!". Recompensa adiada por quantos anos? E se eu não for nem avó nem legal?

Vovó Nininha me trazia a rotina do ordinariamente bom. O aconchego de não ter que fazer. O carinho no lençol esticado, no sabonete de glicerina, nas bolinhas de sabão, na espera de mais um treino de handebol numa quinta-feira qualquer. Eu jogava, e ela me olhava: a bolsa preta, o vestido que não precisava de ferro para estar na estica, olhos vidrados em mim. Segredos compartilhados em um amor sem palavras.

Não deu tempo de lhe dizer que foi ela quem me ensinou o que é o amor. Não deu tempo de dizer como era bom me sentir cuidada. Também não deu tempo de dizer à minha mãe como era bom quando ela adivinhava meus pensamentos sem que eu precisasse explicitá-los.

A paz que eu sentia às quintas-feiras quando dormia na casa da vovó Nininha era um descanso na rotina da criança que se esforçava o tempo todo para agradar. A cada ação daquela criança que não fazia nada de errado porque queria ser "perfeita", eu enterrava minha verdadeira natureza.

Emanuel Aragão, filósofo, escritor e psicoterapeuta, fala sobre como os traumas transformam nossa existência e dependem de uma condição anterior para acontecer: "Duas pessoas podem passar pelo mesmo evento, mas uma pode sair traumatizada e a outra não", diz ele.

Sinto a cena do sofá como uma condição que me predispôs ao trauma de me sentir invisível. Primeiro deixei de olhar para mim, depois perdi as duas mulheres que mais me olhavam e que, de alguma forma, eram meus espelhos na vida. Perdi colo e perdi chão. Perdi referência.

No filme *Memórias de uma gueixa*, do diretor Rob Marshall, lançado em 2005, há uma cena muito bonita na qual, na entrada de um templo, a personagem lê um texto sobre luto. O artista, ao tentar expressar sua dor em palavras, arranca um dos três ideogramas que formam a frase, deixando-a sem sentido. O que a personagem percebe é que é impossível compreender racionalmente as perdas; é possível apenas senti-las.

Quando minha avó se foi, eu não conseguia encarar tamanha dor. Lembro-me de algo que me marcou profundamente logo depois do enterro: chorei muito no recreio da escola. No dia seguinte, Sabrina, que hoje considero uma grande amiga, mas que na época não era tão próxima, mandou-me uma carta. No papel, ela registrava com surpresa e alívio o seguinte: "Mariana Ferrão chora". Ela me contou que nunca imaginou que uma menina como eu chorava. Dizia que não conseguia conceber que alguém como eu tivesse problemas e que, de certo modo, havia ficado feliz ao testemunhar minhas lágrimas.

Até hoje, quando penso nessa carta, sinto certo espanto: como eu, com apenas 12 anos, já passava a imagem de alguém tão forte, tão altiva e inabalável? Quem era a menina que os outros viam e eu não enxergava? Do que ela tentava se proteger demonstrando tanta invulnerabilidade? O que me resta hoje dessas defesas que criei lá atrás?

O fato é que Mariana Ferrão chora. Mari chora. Eu choro. Todas as minhas camadas choram e sentem vontade de ter por perto alguém capaz de testemunhar meu sofrimento. Muitas vezes, não sei se choro porque dói ou porque quero que vejam. Quero que vejam quanto dói. Vai doer menos? O que sei é que, muitas vezes, sigo querendo colo para chorar. Não me lembro de ter tido isso. Um colo ao qual se possa só chegar, deitar e chorar. O outro acolhe e deixa. A gente deságua.

Foi só na vida adulta que me permiti chorar no colo de alguém. Ainda assim, dá para contar nos dedos quantas vezes consegui fazer isso. Mas chorei tanto sozinha! No quarto, no banho, no carro. A tristeza não compartilhada, não dividida, pesa. Por vezes, eu a sinto condensada sob minha pele. Sinto-me radioativa e atômica, preservando algo que me corrói por dentro, que me isola de mim e dos outros e, muitas vezes, me toma por inteiro.

    Tentei crescer antes do tempo por saber que não teria tempo de amadurecer. Fiquei endurecida. Preciso amolecer, sabe? Talvez subir em uma mangueira, lambuzar-me de dor e lágrimas para docemente voltar a sorrir.

Jornada de exploressência

Parte 4

Para quais feridas do passado você ainda precisa olhar? Você sente que podem cicatrizar só de olhar para elas ou que algo mais precisa ser feito?

....
....
....
....

Você tem um colo para chorar? De quem?

....
....
....
....

Já ofereceu seu colo para alguém chorar? Como se sentiu? Deixou a pessoa desaguar ou teve o impulso de tentar resolver a dor do outro?

....
....
....
....

Sugestão de meditação simples: feche os olhos e faça algumas respirações profundas. Quando estiver bem consciente da respiração, leve o ar para algum ponto de desconforto em seu corpo. Ao expirar, convide qualquer tensão que esteja ali a sair junto com o ar. Continue pelo tempo que achar necessário.

5

Brutamontes

O que a gente não olha, o corpo aprende a esconder

Minha verdadeira natureza não era (nem é) perfeita. O chão que alicerça minha existência tem mistérios enterrados em raízes que desconheço.

No começo de 2022, fiz uma formação de ioga com Micheline Berry. Durante os dez dias do segundo módulo do curso supercompleto, um altar com a foto dos nossos ancestrais foi montado na sala em que praticávamos. Levei fotos de meus pais, avós e bisavós.

Em um dos exercícios, a proposta de Micheline era nos colocar em contato com movimentos somáticos (espontâneos e não padronizados), que surgem quando entramos em um estado de fluxo e paramos de pensar no próximo passo a dar. A ideia é deixar que o corpo fale, que ele indique o que fazer e que você atenda aos chamados.

Durante a prática, Micheline pediu para acessarmos nossos ancestrais. Eu imediatamente fui ao chão e comecei a chorar. Meus pés se dividiam, iam para lados opostos. Meu corpo queria se deitar, mas o chão havia sumido.

Eu sentia que não tinha terra. Não tinha terra sob mim, haviam tirado meu chão. Comecei a chorar compulsivamente e cheguei a gritar de dor.

Naquele instante, vivenciei uma dor que não era apenas minha, mas da minha família, que teve de sair do México algumas vezes ao longo das gerações que me antecederam. Meu avô fugiu para o Brasil. Meu trisavô fugiu para os Estados Unidos. Meu pai veio para cá abandonando amigos e a namorada da adolescência. Minha avó, aos 90 anos, disse-me que nunca havia deixado de sentir saudade das amigas com quem convivia na capital mexicana.

Em outra meditação do curso, visualizei, de repente, todos os meus sapatos de criança. Lembrei-me da sensação do pé apertado. Tentei buscar na memória onde meus sapatos ficavam guardados e descobri que nenhum deles ficava exposto no armário. Eu os escondia em caixas para evitar que qualquer pessoa que chegasse visse quanto eu calçava.

Desde muito cedo fiz atividades corporais – comecei na dança moderna aos 4 anos – e sempre tive questões com meus pés. Eles não respondiam como os das outras crianças. Nunca tive pés de bailarina, daqueles que pisam mesmo no chão e se moldam com os esforços. Ali, naquele exercício, acessei a dor de pés que foram arrancados de sua terra. Não sei explicar o tamanho da dor que senti. Ao mesmo tempo, veio como um alívio, a possibilidade de trazer à tona algo que precisava ser visto para finalmente me ajudar a criar raízes e nunca mais afundar.

Poucas semanas depois, recebi a mensagem de uma amiga dizendo que havia sonhado comigo: "No sonho eu atravessava várias camadas energéticas, e você estava em uma delas – pelo que entendi, no coração. Havia um campo, e você estava plantando uma roseira vermelha, eu a observava, e você espetou o dedo em um espinho e parou o que estava fazendo. Eu me aproximei e terminei de aterrar as raízes, então disse o seguinte: 'O espinho é uma benção, pois ele protege a rosa. Não tire seus espinhos, eles também são uma benção'. Você sorriu".

Sorri ao ler essa mensagem. Os espinhos são colo para reter a água das rosas. São reservatórios que protegem as plantas. O que seria de nós se não preservássemos o aprendizado revelado por nossas dores, se nunca lembrássemos de nossas lágrimas? Quão mais desprotegidas andaríamos por aí? É bom ter alguém para nos ajudar a aterrar nossas raízes, mas há um trabalho nosso, solitário, do qual não podemos nos furtar.

Dois dias depois do beijo na cachoeira, meu companheiro e eu nos encontramos na sala de casa. Ele me puxou para me abraçar, eu me desequilibrei, mas logo recuei, voltando ao centro. Coloquei as mãos sobre o coração e fiquei parada, tentando me certificar do meu espaço, tentando entender por que saio tanto do eixo quando há alguém por perto.

Naquela manhã, mais cedo, havíamos feito juntos uma aula de *tai chi* trabalhando o eixo de cada um. Nosso professor, Wagner Aires, havia dito que Thiago é mais centrado e que eu quero fazer minha energia predominar no movimento – só que, em vez de respeitar meu limite, acabo ultrapassando meu próprio eixo para chegar ao outro. E o mesmo acontece quando recuo: em vez de usar corretamente a mão para defender o espaço que preserva meu equilíbrio, eu a coloco muito próxima ao corpo, o que permite que o outro invada demais meu espaço. Para sair dali, começo a usar a força, e meu corpo se tensiona.

O Thi sabia, portanto, que aquela era uma questão para mim. Havíamos conversado a respeito e nos estudamos nesses movimentos de encontros e desencontros, tentando reequilibrar nossa relação. Então, durante aquele instante em que ficamos parados no meio da sala, ele delicadamente se ajoelhou e colocou a cabeça em minha barriga. Logo depois, senti vontade de compartilhar este pequeno texto com ele:

> Vivi hoje contigo uma das experiências que mais me ensinaram na vida: colocar-me diante de ti querendo chegar perto sem sair do meu eixo. Não abrir mão da verdade do meu corpo. Perceber os incômodos que sua

força me traz e sua presença que às vezes me desequilibra. Não sei exatamente onde nem por que sua força e sua presença me tiram o equilíbrio.

Sei que tive de recuar para voltar para mim. Sem ter vergonha de colocar as mãos em meu coração. Se me respeito, não quero sair de perto de você. Ver você se ajoelhando para encontrar um jeito foi o movimento mais lindo que já vi um homem fazer.

Te honro demais, Thi. Obrigada por tanto, meu amor.

Quanto o corpo pode nos ensinar?

Entre a primeira e a segunda metade do século XX, o filósofo francês Maurice Merleau-Ponty colocou a percepção no centro do processo cognitivo e, em *Fenomenologia da percepção*, afirma: "Somos consciência encarnada em um corpo". A verdade para o corpo é aquilo que percebemos. Portanto, ele nos traz nossa primeira verdade, a experiência direta daquilo que vivemos. A percepção, para Ponty, é nossa maneira de sentir o mundo e deveria substituir o intelecto, o pensamento elaborado.

Em um vídeo curtinho e muito interessante que encontrei no YouTube, a filósofa Marilena Chaui cita Ponty:

> Meu corpo é um ser visível no meio de outros seres visíveis, mas tem a peculiaridade de ser visível e vidente. Eu vejo além de ser vista. E não só isso: eu posso me ver. Sou visível para mim mesma e posso me ver, vendo. Há uma interioridade na visão.
>
> Meu corpo é um ser tátil como os outros corpos. Ele tem o poder de tocar como os outros corpos, mas também é capaz de tocar-se.

Meu corpo é sonoro como os cristais e os metais, podendo ser ouvido. Mais que isso, ele pode fazer-se ouvir e pode ouvir-se. Eu me ouço falando e ouço quem me fala.

Meu corpo é móvel e tem o poder de se mover ao mover. Sensível para si mesmo, meu corpo é meu modo fundamental de ser no mundo.

Quando minha mão direita toca a esquerda, ocorre um enigma, porque ela toca, mas é também tocada. Não sei mais qual mão toca e qual é tocada.

Durante a formação de ioga, logo depois de uma prática intensa, escrevi em fluxo um texto que reproduzo aqui:

Antigos padrões
me espiralam em prisões internas,
são camadas de tensão
palavras não ditas
dores não expressas
pequenas atitudes acamadas.
Me esqueci pelo caminho.
A consciência do mergulho
revela
a profundeza de tudo.
Pequenos desrespeitos
formam um enorme tecido.
Emaranhamentos.
Onde está a ponta do novelo?
Repuxa meu lado esquerdo do peito
traz consigo todo o trapézio
fluxo interrompido até o último dedo da mão.
Meu equilíbrio nesta forma não natural de não ser o que sou.

Há quanto tempo?
Não sei.
Meu coração pulsa e expulsa um choro atual
a gratidão de fazer de corpo inteiro
a gratidão de ter centro em mim
percebo
recebo
e agradeço.
E rezo.
Rezo a minha oração em contato com o chão:
terra, sou contigo
água, minha amiga.
Guardo espinhos e respiros.
Respeito meus ventos e tentos.
Fogo, sou mutante e movimento.
Éter, me dando espaço, me preencho.

Sinto que o corpo guarda não apenas as percepções que chegam pelos sentidos, mas também os sentidos que damos à experiência através de memórias celulares.

Minha mãe tinha um metro e meio. Eu, desde os 9 anos de idade, calço 39. Aos 12, já era mais alta que ela; e, aos 14, media 1,68 metro. Ela reclamava quando eu a tocava, dizia que minha estrutura óssea a incomodava, que era pesada demais. Muitas e muitas vezes, ela me chamou de brutamontes. *Brutamontes. Brutamontes. Brutamontes.*

Essa palavra ainda ecoa aqui dentro.

Como cresci muito depressa, por vezes não tinha mesmo noção do tamanho do meu corpo. Além disso, sempre gostei demais de brincadeiras que exigiam algum esforço corporal: subir em árvores, jogar queimada, frescobol, taco, futebol, vôlei e, mais tarde, o handebol, pelo qual me apaixonei. Nunca fugi das aulas de educação física e muitas e muitas vezes me senti frustrada ao passar as férias na praia com meus primos e perceber que, para os meninos, bastava uma bola e a areia para eles serem felizes e ficarem juntos. Nem sempre as meninas eram chamadas para a quadra, e eu não jogava futebol bem o bastante para me sentir à vontade e pedir para ser incluída. Acho que, se eu tivesse nascido nos anos 2000, teria sido um pouco diferente.

Essas brincadeiras quase sempre me deixavam com o joelho ralado e com roxos pelo corpo. Minha mãe dizia que eu me batia demais porque não tinha consciência corporal e, então, decidiu que eu deveria fazer fisioterapia três vezes por semana. Além disso, como muitas mães, ela tentou me matricular no balé clássico. Eu devia ter uns três ou quatro anos e o-di-ei. Primeiro porque eu não era flexível como as outras meninas. Depois, porque tinha muito cabelo, e minha mãe, pouca paciência para fazer coque e enrolar a redinha. Naquela época, as professoras ainda faziam a gente enrolar uma faixa na cintura, e aquilo me apertava muito a barriga. Lembro-me das sapatilhas apertando meus pés, eu sentindo o chão distante e instável. O balé, definitivamente, não era para mim.

Eu estabeleci uma relação de muita confiança com a fisioterapeuta, que, na verdade, era uma especialista em consciência corporal. O trabalho dela era magnífico: foi lá que conheci aquelas bolas gigantes (usadas hoje em aulas de pilates), os tecidos de circo, os espaldares e outros apetrechos que desafiavam meu corpo. Foi lá que senti a potência de ter desafios. Por indicação da fisioterapeuta, minha mãe me tirou do balé e me matriculou em uma aula de dança moderna para crianças. Lá eu me encontrei. Na verdade, meu corpo se encontrou na livre expressão dele.

Telma, a professora de dança, ensinou-me que dava para fazer música com o corpo, que dava para estabelecer ritmo com ele e que o movimento podia começar a partir dos cotovelos, dos pés, do quadril; que as partes do corpo, mesmo integradas, podiam agir de maneira independente. Mesmo sem a consciência que tenho hoje, fui entendendo que o corpo oferece uma sabedoria que muitas vezes a gente não acessa simplesmente porque não fomos ensinadas a isso. Os caminhos do corpo são inesgotáveis, assim como as sensações a explorar.

Na minha agenda lotada de criança de classe média da zona sul de São Paulo, havia as aulas de dança moderna, natação, tênis e, depois, handebol. No time da escola, eu era armadora central. Hoje sei que minha facilidade de perceber o ambiente, as pessoas, seu posicionamento e suas qualidades me dava todas as condições de executar com maestria aquela função. Eu distribuía o jogo como pouca gente era capaz de fazer. Claro, minha altura e minha força física me ajudavam a estar naquela posição. Sempre gostei de distribuir o jogo. Passar a bola para alguém marcar na cara do gol, muitas vezes, era mais prazeroso do que eu fazer a bola estufar a rede. Gostava tanto de jogar que, além dos treinos na escola, comecei a praticar no Ginásio do Ibirapuera, duas vezes por semana, três horas por dia.

O sol queimava a sola dos meus pés, eu ficava cheia de bolhas, mas olhava a quadra e pensava: *Se de um lado estivesse o homem da minha vida e do outro esta quadra, eu escolhia a quadra*. Porém, aos 15 anos comecei a namorar e aos poucos fui deixando de jogar. Na sequência, eu me apaixonei pela dança de salão. Meu pai, que sempre gostou de dançar, convidou-me para ir com ele a uma aula. "Posso até ir, mas não vou ser seu par, pai."

A gente conseguiu convencer a minha mãe a ir, meio a contragosto no início. Depois, meu irmão se animou também e a família inteira começou a dançar na academia do Jaime Arôxa, no Campo Belo, bairro de São Paulo. A gente dançava cinco vezes por semana, de pagode a bolero. Eu e meu irmão viramos bolsistas da academia e ajudávamos pessoas mais velhas a aprenderem alguns passos.

Para a surpresa de todos, quem mais se apaixonou pela experiência foi minha mãe, que nunca gostou de dançar. Ela, que usava cabelo curto, não se arrumava para sair nem passava maquiagem, começou a comprar saias, rímel e batom vermelho para frequentar os bailes.

Para mim, o aprendizado foi me deixar ser conduzida. Eu sempre fui uma pessoa com muita autonomia, que toma decisões sozinha. Mas a dança é um diálogo entre dois corpos. Um escuta a música, interpreta o que ouve e conduz o outro. É um exercício de entrega que me ensinou a afrouxar as rédeas da minha própria vida. Para dançar, é preciso se permitir experimentar o próprio corpo a partir da visão de mundo do outro. É uma construção de empatia em movimento. A gente não está acostumada a ter esse tempo de contemplação, essa permissão para sentir o que o movimento do outro causa em nós, escutar com todos os sentidos abertos como é o mundo que o outro enxerga. Vivemos, na maioria do tempo, nosso autocentramento isolador. A dança é uma abertura para a relação.

E, nessa abertura, descobri o quanto gosto de ser surpreendida. Às vezes, você pega uma pessoa que faz tudo sempre igual, movimentos repetitivos e previsíveis, mas tive parceiros muito bons que me ensinaram bastante sobre o cultivo da presença. Não esperar nada, apenas estar disponível para sentir o momento e, a partir da sensação, deixar o corpo se movimentar com o que o outro está propondo. É uma entrega difícil. Mais difícil ainda é deixar o outro levar você e, ainda assim, encontrar espaços na música para manifestar a própria expressão e a liberdade criativa. Aí realmente a dança acontece, a arte vira vida, e a vida se transforma em arte.

Tive um parceiro muito bom, que virou meu namorado: o Rafael, três anos mais novo que eu. Ele tinha ouvido absoluto e me ensinou a escutar música. Rafael me falava assim: "A gente vai dançar esse tango agora só no surdo, agora só no pandeiro, só no bumbo". Ao apreciar cada instrumento e a junção de todos eles formando a melodia e o ritmo, as possibilidades de dançar se tornam infinitas. Quando entendemos que cada um de nós compõe parte da harmonia e da sinfonia do universo, aí nos damos conta da potência da cooperação, da união e da diversidade.

Aos 20 anos, deixei a dança de salão, logo depois do AVC que matou minha mãe. Era pesado demais ir à academia, o luto estava muito latente e lá era impossível não pensar nela o tempo todo.

Há muitas correntes espirituais que ressaltam a importância do movimento, defendendo que, além da morte, a única certeza da vida é a inconstância, o fluxo. Eu sempre senti meu próprio movimento como uma condição de vida. Quando me mexo, sinto-me viva. Quando deixo meu corpo fluir na aula de ioga, de *tai chi* ou de dança, numa corrida ou numa caminhada, sinto-me viva. Quando passo tempo sem me exercitar, não me reconheço, minha autoestima diminui, minhas dores aumentam e minha mente se inquieta. Depois dos meus episódios de depressão e dos meus estudos sobre saúde mental, compreendi racionalmente o quanto isso faz sentido.

Eu passei dezoito anos sem dançar. Decidi voltar numa tentativa de resgate da minha sensualidade, do meu feminino, porque, depois do meu primeiro parto, que foi cesárea, minha barriga perdeu a forma e ganhou uma cicatriz. Por causa da dança na juventude, eu tinha a consciência de ficar o tempo todo com o abdômen contraído, mas a cirurgia cortou sete camadas de músculo e deixou o abdômen frouxo. Eu tentava contrair a barriga, mas ela não respondia ao comando. Eu não reconhecia mais meu próprio corpo, e isso me gerava uma sensação intensa de desconexão comigo mesma.

Dessa vez, não bastava praticar esporte. Para me sentir mulher de novo, entrei numa aula de *zouk*, ritmo sensual que eu não sabia dançar – até por uma questão moral, por falta de liberdade com meu quadril. *Zouk* é uma dança íntima que tem muito movimento de quadril. Engravidei de novo e dancei até o quinto mês da gestação de João.

Do ponto de vista físico, a experiência da segunda gravidez foi totalmente diferente da primeira. Além da dança, fiz corrida na água e fisioterapia para fortalecer o assoalho pélvico. E consegui ter um parto natural, uma das experiências mais transformadoras da minha vida. Depois que João nasceu, segui fazendo aulas de dança e alimentando o sonho de um dia participar da Dança dos Famosos, quadro de um programa da Rede Globo. Seria um resgate da minha história e uma homenagem à minha mãe.

Quando recebi o convite, imaginei de tudo: que poderia não dar conta, que teria dificuldade física para fazer os movimentos mais ousados, que ficaria exausta de pegar a ponte aérea todos os dias para ensaiar no Rio, voltar para São Paulo e logo cedinho estar pronta para apresentar o Bem Estar, que morreria de saudade dos meus filhos, que me sentiria culpada por passar um tempo sem buscá-los na escola, dar jantar e colocá-los para dormir.

Eu só não imaginei que poderia ter um parceiro que não encaixasse comigo. Ricardo Espeschit, professor de dança de salão, estava com uma expectativa absurda, porque já tinha sido reprovado três vezes no processo seletivo. Para passar na quarta tentativa, fez uma dieta maluca e emagreceu mais de dez quilos. Quando eu olhava para ele, via uma pessoa sem massa muscular. Nossa energia não bateu. Meu corpo me dizia: não se joga ali porque ele pode não aguentar. Era físico: eu não tinha confiança nele. Minha mente queria se entregar, mas meu corpo ficava reticente. E é difícil enganar o corpo. O corpo tem memórias. Naqueles instantes, meu corpo me lembrava: *brutamontes. Brutamontes. Brutamontes.*

Como alguém sem tanto músculo aguentaria uma brutamontes?

Além disso, para mim a dança sempre foi muito mais que a combinação de alguns passinhos, mais que a coreografia, mais que a apresentação que todo mundo vê no palco. Tenho na dança uma oportunidade de estudar minhas emoções, a interação com o mundo a partir da percepção de meus sentidos – seja esse mundo a música, seja o corpo do outro, seja o espaço pelo qual me movimento.

Quando eu chegava aos ensaios, meu parceiro já estava com a coreografia pronta na cabeça dele, às vezes antes mesmo de saber a música que a gente ia dançar. Eu me questionava: quando vou sentir a música? Que horas meu corpo terá oportunidade de se conectar para me contar o que fazer? Em cada ensaio, os embates ficavam mais evidentes. Ele querendo ensaiar a coreografia. Eu querendo sentir. Os tempos eram outros. Os objetivos, distintos. E as brigas, inevitáveis.

Em um dos ensaios, meu parceiro me virou no ar e me empurrou no chão num espacate. Eu tive um estiramento que rompeu fibras musculares que ligam o fêmur à parte posterior da coxa e me senti abusada fisicamente; meu corpo não queria aquele movimento. Ainda dancei mais dois ritmos com bastante dor antes de ir para a repescagem da competição.

Durante o processo, meu parceiro e eu tivemos que nos descobrir e aprender a nos comunicar. No começo, quando eu apontava o que não estava bom, ele se sentia ainda mais inseguro, mas aos poucos a gente construiu confiança. E o tempo da confiança não pode ser adiantado – é um passo de cada vez. Cada um contando para o outro do que gosta, como gosta, o que quer, como quer. E ambos dispostos a ouvir. Fomos nos adaptando, cedendo, abrindo mão das resistências. O processo ganhou leveza.

O tempo da repescagem, quando nos distanciamos, foi essencial para isso. Enxergar a situação de longe e ter tempo de refletir sempre ajuda. Quando voltei à competição, sugeri que começássemos os ensaios do ritmo seguinte, o *zouk*, dançando um mantra de Shiva, um dos deuses supremos do hinduísmo, reconhecido pelo poder de gerar transformações, tanto físicas como emocionais. Ricardo topou, e tivemos lindos momentos de conexão. Com a apresentação do *zouk*, ficamos em primeiro lugar na disputa.

Durante os três primeiros meses de competição, nunca havíamos jantado juntos, até que decidi convidá-lo para ir ao hotel em que me hospedei. Naquela noite, cada um disse o que havia ficado represado, conversamos sobre os incômodos que ainda sentíamos e, a partir de então, nos entregamos e criamos cumplicidade. Foi uma relação que me ensinou muito.

Na semana seguinte, fomos eliminados da competição. Então entendi que o que eu tinha para viver na Dança dos Famosos não era uma homenagem à minha mãe, mas sim um profundo autoconhecimento em que meu corpo foi personagem principal e me ensinou a curar relações.

Jornada de exploressência

Parte 5

Alguma dor no corpo o acompanha faz tempo?

Você percebe os sinais que seu corpo lhe dá? Por exemplo: você nota se, ao encontrar determinada pessoa, sente dor de cabeça? Se, ao sair de uma reunião, tem náuseas? Se o trânsito gera tensão nos ombros? Tente registrar, durante uma semana, um diário relacionando sensações corporais a atividades da rotina.

Contei que minha mãe me chamava de brutamontes e que isso teve (e ainda tem) muitas consequências em minha vida. Há alguma palavra sobre seu corpo que o acompanha? Qual?

....
....
....

Exercício para se amar: dance consigo, de preferência sem roupa, na frente de um espelho. Coloque uma música de que você goste, olhe em seus olhos e perceba como é boa a liberdade de ser você e se enxergar em movimento. Se quiser, anote o que sentiu.

....
....
....
....

6

Quanto tempo de mulher nos faltou?

A busca por referências de feminino

Além das aulas de dança que fazíamos juntas todas as noites, minha mãe começou a fazer aulas particulares de tango duas vezes por semana. Lembro-me de uma cena: num almoço em casa, ela estava tremendamente irritada. Perguntei o que havia acontecido, ao que ela respondeu que estava chateada porque Eduardo, professor de tango, desmarcara a aula.

— E daí, mãe? Na quinta-feira tem de novo.

— Eu sei, mas é que o Eduardo está me ajudando a construir a minha vaidade.

— Mãe, essa vaidade já mora dentro de você. A vaidade é sua, mãe. Não é do Eduardo.

Ela saiu da mesa e custou a voltar. Depois de alguns minutos, decidi ir atrás dela. Estava no banheiro, chorando.

— O que foi, mãe?
— Eu sei que a vaidade é minha, mas eu não consigo me autorizar a ser vaidosa sem o olhar do Eduardo.

Há um trecho de O atlas do coração, de Brené Brown, citado em outro capítulo, que diz: "Dado que todos estamos aqui para sermos vistos, conhecidos e amados, a invisibilidade é uma das experiências humanas mais dolorosas".

Precisamos do outro para sermos vistos. Muitas vezes, precisamos do outro para enxergarmos dentro de nós aquilo que já temos. Se o outro não nos autoriza por seu olhar, podemos nos esquecer do que talvez sempre tenha existido dentro de nós. Sinto que foi isso que aconteceu com a vaidade de minha mãe. Ela estava ali, desde sempre, esperando autorização para brotar, esperando o olhar do outro para regá-la.

Minha mãe e minha avó tiveram uma relação bem complicada. Uma relação cujos detalhes desconheço, mas, até onde entendi, uma relação de poucas palavras, pouco gestos afetuosos e muitos conflitos. Lembro-me de minha mãe me contar sobre quando ficou menstruada pela primeira vez. "Sua avó me entregou uns paninhos e me disse: 'Não quero ver essa sujeira. Você lava, você limpa. Nem precisa me contar nada'."

Quando fiquei menstruada pela primeira vez, eram férias de julho. Estávamos em um hotel em Monte Verde, perto de São Paulo. Minha mãe e meu pai jogavam baralho no salão de jogos, e eu a chamei do banheiro: *"Mãe, vem aqui um pouquinho, por favor?". "Ai, Mari, não pode ser seu pai?" "Não, não pode, tem que ser você."*

Ela entrou no banheiro bufando e adivinhando: "Ficou menstruada, né?". Eu respondi que sim, perguntei se ela tinha absorvente e ela respondeu que não. Pedi que ela fosse discreta ao sair do banheiro para tentar conseguir um absorvente na recepção do hotel. Mas ela saiu gritando pelo salão de jogos: "Alguém tem absorvente?". Senti tanta vergonha que imaginei que nunca mais sairia daquele banheiro.

Durante anos, minha vontade era ter nascido menino. Fosse para jogar bola na praia com os amigos, fosse para nunca menstruar, fosse para colocar a roupa que quisesse ou até ficar sem camisa. Qual é o problema em ser mulher? Por que minha avó tinha dificuldade de aceitar o feminino de minha mãe? São perguntas que às vezes me faço e para as quais talvez nunca encontre uma resposta.

Aos 5 anos, mudei de escola, fui para uma que era longe de casa, e minha mãe, com medo do trânsito que pegaria no caminho ao consultório, às vezes me levava mais cedo. Eu ficava na sala de aula sozinha ou apenas com a professora Monique – uma das mulheres mais bonitas que eu já vira. Ela tinha o sonho de comprar um fusca cor-de-rosa, ou melhor, *pink* metalizado. Às vezes íamos até uma loja de carros usados que ficava perto da escola ver o fusca que ela tanto queria.

Enquanto esperávamos as outras crianças chegar, Monique penteava os cabelos. Escovava. E me dizia: "Se quiser ter cabelos bonitos, macios, sedosos, vire a cabeça para baixo e escove assim, com força, em várias direções, quatrocentas vezes". Eu chegava em casa e repetia os movimentos. Também ensaiava na frente do espelho alguns gestos e expressões faciais que Monique fazia. Um pouco depois, quando eu tinha 7 anos, minha mãe decidiu que não pentearia mais meu cabelo para ir à escola. Eu chorava porque ela puxava, a gente discutia e ela perdia a paciência. Eu tinha muito cabelo e realmente era difícil desembaraçá-lo.

Ela me levou ao salão e pediu ao cabeleireiro: "Corta joãozinho". Saí de lá com o cabelo mais curto que o do meu irmão. Naquela mesma semana, fomos ao shopping e encontramos uma amiga de faculdade da minha mãe. Nunca mais esqueci o que ela disse: "Que lindo seu menininho, Bia". O menininho era eu. Minha mãe me olhou com vergonha e culpa, e eu tive vontade de perguntar: "Satisfeita?".

Foi difícil mudar de escola com aquele cabelo. Foi difícil me achar bonita. Foi difícil me reconhecer mulher. Mais fácil era ser inteligente. Eu era boa aluna, aprendi a fazer comentários cada vez mais ácidos, fazia piadas machistas e dizia para mim mesma que, por ser a melhor aluna da classe, não sentia falta de me sentir feminina. Mas sentia. Sentia tanta falta que, quando ia dormir na casa de amigas, o que eu mais gostava de fazer era observar as mães se arrumando. Eu pedia para ir junto ao banheiro, ficava olhando as caixas de maquiagem, gostava de ver os armários com roupas de festa, botas, colares, pulseiras, casacos de lantejoula.

Eu morria de vontade de ser paquita. Nunca tive coragem de contar isso para ninguém. Usar aquelas botas brancas, dançar no meio de outras mulheres, estar rodeada de amigas, de meninas. Meu melhor amigo naquela época, assim como eu, era um dos melhores alunos da turma. Sempre estudávamos juntos, na minha casa, antes das provas. Vez ou outra ele se trocava na minha frente e dizia que não tinha risco, que não sentia vergonha porque para ele eu não era menina. Como assim?!

No fundo, o que eu mais queria era ser menina. Quando comecei a estudar inglês na Cultura Inglesa, reparava em algumas garotas mais velhas. Elas eram lindas, tinham cabelos bem compridos e usavam roupas superarrumadas, anéis e correntinhas.

Enquanto isso, quando eu me arrumava para as festas em casa, minha mãe me dizia: "Por mais que você se arrume, sempre tem algo fora do lugar em você, né, Mari? Uma unha lascada, um furo na roupa, um sapato que não combina". Tinha e tem muita coisa fora do lugar mesmo. Especialmente o desencontro entre o sentimento, a validação, a possibilidade de expressá-lo, a permissão para ser, o olhar acolhedor de quem amamos. Também acho que tudo isso faltou à minha mãe para que ela assumisse que a vaidade sempre existiu dentro dela. Muito antes do professor de tango. Mas o que nos faz falta nos ensina sobre o que é importante.

Ao longo da vida, fui entendendo quanto me fez falta conviver com mulheres bem resolvidas com o feminino. Não que eu ache que isso teria se resolvido se minha mãe e minha avó tivessem vivido mais, porque elas tinham suas questões. Eu as honro e respeito, mas sigo na busca por curar essa vontade de ser cada vez mais mulher.

Hoje colho meu sangue menstrual, faço rituais para ofertá-lo à terra, observo minha relação com a lua, toco meu tambor e acendo minhas velas. No começo foi muito difícil me autorizar a fazer isso. Às vezes, ainda é. Queria ter aprendido a mexer na terra, cultivar flores, fazer crochê, costurar, cozinhar. Atualmente, quando faço qualquer uma dessas coisas, sempre penso se estou fazendo algo errado e me comparo com outras mulheres que parecem que já nasceram sabendo tudo. Ao mesmo tempo, tenho perdido a vergonha de perguntar o que ainda não sei fazer. Tenho estabelecido relações de confiança com mulheres que me potencializam. Cansei de competir com as mulheres. Cansei de competir comigo mesma.

Eu queria provar que não precisava ser mulher nem ter vontade de ser feminina, mas o fato é que amo ter nascido fêmea. É muito potente ser naturalmente cíclica. Estou cansada de lutar contra minha instabilidade, minhas ambivalências, minha vulnerabilidade e minha própria força.

Durante minhas gestações, descobri a magia de gerar vida dentro de mim. No parto de João, entendi o mistério de ser canal para permitir que a transformação venha ao mundo a partir de nós.

Ao longo da formação de ioga, percebi bloqueios do lado esquerdo do meu corpo, um fluxo represado, como se algumas partes do braço, quadril e pernas estivessem congeladas. Tenho feito meditações para levar atenção e consciência a essas partes. Não é fácil. Minha mente tenta me distrair o tempo inteiro, como se essa questão fosse um tabu, um bicho tão selvagem que não tolera ser avistado nem de longe.

Em um dos retiros que organizei com a Soul.Me, tivemos uma prática de *sound healing*, terapia que usa a frequência dos sons e provoca ressonâncias no corpo. Durante a sessão, voluntariamente usei ondas sonoras para enviar respiração e sangue para o lado esquerdo do meu corpo. Os caminhos foram se abrindo, como se pela primeira vez eu navegasse naquelas águas, como se o rio principal da minha existência ganhasse novos afluentes. Tive vontade de permanecer ali para sempre. Tive vontade de dançar a delicadeza de ser mulher. Tive vontade de ficar horas apenas mexendo suavemente os dedos da mão esquerda. Meia hora depois, a terapia acabou e o facilitador, Leo Trujillo, um grande amigo, disse: "Aos poucos, podem se levantar e voltar".

Antes de me levantar, levei as mãos na direção do coração e, no gesto, vi um útero. Uma visão nítida, como se eu levasse meu útero ao meu coração. "Sou menina!" A frase me tomou, e eu chorei profundamente.

Jornada de exploressência

Parte 6

O que o feminino representa para você? E o masculino?
....
....
....
....

O que você tem de mais feminino? Mesmo que tenha nascido sem vagina, responda a esta pergunta.
....
....
....
....

O que você tem de mais masculino? Mesmo que tenha nascido sem pênis, responda a esta pergunta.
....
....
....
....

7

Como fui parar na TV

Sincronicidade, ameaças, casamento, dinheiro e muitos momentos inesquecíveis

Na década de 1970, o Vulcão de Fogo, na Guatemala, entrou em erupção. Foram muitas as perdas na agricultura, e houve uma nuvem de fumaça que chegou até o México. Você sabe em que ano foi isso? Eu jamais saberia a resposta se meu avô, Laertes, pai de minha mãe, não estivesse na Guatemala, de férias, justamente naquele ano de 1974.

Ele me contou a história da viagem que fez com minha avó durante um jantar que tivemos em Itu, em janeiro de 2000, eu, ele e Ricardo, meu namorado na época. Eu havia tirado uma semana de férias e estava curtindo a paz do sítio da família, lugar onde passei boa parte da infância. Quando eu disse que ia passar férias com meu namorado lá, meu avô decidiu ir também. No começo, achei chato, fiquei pensando que ele queria me vigiar, mas depois curti muito sua presença ali.

Naquela noite, conversamos por horas. Ou melhor, eu e Ricardo ouvimos por horas as histórias do meu avô, que adorava contar causos com riquezas de detalhes e interpretações, bom psiquiatra e psicanalista que era. Ele se emocionava com as histórias e lembranças do que ele mesmo contava; eu, claro, me emocionava com ele.

No fim do jantar, o telefone do sítio tocou. Meu avô disse que meu pai queria falar comigo.

— Oi, Mari, tudo bem?

— Oi, pai. Tudo, e você?

— Chegou uma correspondência da faculdade para você.

— Da PUC? — Estranhei, já que estava de férias.

— Sim, um aviso dizendo que alunos que vão cursar o último ano de jornalismo na PUC-SP ou na USP têm a oportunidade de fazer uma prova para estagiar na Globo.

— Beleza, pai, quando chegar eu vejo isso — disse, como uma típica adolescente já um pouco irritada por ter as férias interrompidas.

— O problema, Mari, é que tinha que fazer inscrição e a prova é amanhã.

— Então não tem mais questão, né?! Não fiz a inscrição e não tenho como fazer a prova.

— Eu fiz a inscrição para você.

— Ai, pai, jura? — Senti um misto de gratidão e braveza. *Por que ele fez a inscrição se nem sabe se eu quero fazer a prova? Por que ele tem que se meter na minha vida? Mas agora tenho a chance de fazer a prova e trabalhar na Globo!* Todos esses pensamentos vieram embaralhados de uma só vez.

— Tá, pai, vou pensar. Obrigada.

Desliguei o telefone, contei para o Ricardo, e ele disse:

— Pô, gata, é a Globo. A gente está a 45 minutos de São Paulo. Você vai, faz a prova, eu espero e a gente volta.

Ainda cheia de dúvidas, concordei. Quando chegamos ao local da prova, a fila de candidatos dava voltas no quarteirão. *O que estou fazendo aqui?*, pensei. *Eu nunca vou passar na prova.* Reconheci colegas de faculdade, inclusive uns que sempre falavam mal da emissora. Desci do carro e comentei com pessoas que seguravam papéis e livros:

— Gente, vocês estão estudando? Mas como sabem o que estudar? Alguém passou orientações sobre o que cai na prova?

— Sim, veio uma lista de referência junto com a carta de inscrição.

Era o que faltava para eu ter a certeza de que interromper as férias tinha sido um grande equívoco. Mas eu já estava ali, né? O jeito era fazer a prova. Ainda na fila, soube que para jornalismo geral existiam apenas três vagas abertas, além de uma para esporte e outra para a GloboNews, recém-estreada. Eu queria o jornalismo geral – tinha o sonho de ver de perto os bastidores do Jornal Nacional, do Fantástico, do Jornal da Globo; de cruzar nos corredores com Sandra Annenberg, com Lillian Witte Fibe, com Ana Paula Padrão.

A primeira parte da prova era de múltipla escolha e testava o grau de informação dos participantes: perguntas sobre inflação, cotação do dólar, siglas da economia. Na terceira página, porém, eu me deparei com a seguinte questão: "Na década de 1970, o Vulcão de Fogo, na Guatemala, entrou em erupção. Foram muitas as perdas na agricultura, e houve uma nuvem de fumaça que chegou até o México. Você sabe em que ano foi isso? 1978, 1976, 1974 ou 1979?". Fiquei em choque. Relacionei o telefonema, meu pai ter feito a inscrição sem perguntar se eu queria, eu ter ido para o sítio em vez de passar a semana na casa de praia dos pais do Ricardo, meu avô estar lá conosco, o jantar, as histórias. *Eu vou trabalhar na Globo!* A certeza explodiu em mim feito vulcão em erupção.

Fiz o restante da prova com bastante dedicação e, quando terminei a redação, senti que estava inspirada como havia muito tempo não ocorria.

Passei para a segunda etapa. Eu não imaginava por quantas fases ainda teria que passar antes de efetivamente ser contratada como estagiária. A segunda parte da prova seria na Globo, dentro da sede recém-inaugurada na avenida Luiz Carlos Berrini, em São Paulo. Fiquei horas pensando no que vestir e decidi usar uma das bolsas da minha mãe para me dar sorte. Era uma bolsa de couro escuro da qual ela gostava muito, que tinha um cheiro forte de lembrança boa e que estava guardada no armário desde a sua morte, quase um ano antes. Ao abrir a bolsa para colocar a carteira, saiu voando pelo quarto uma borboleta amarela. Comecei a chorar de emoção e mais uma vez senti no meu peito a certeza de que tudo estava em seu devido lugar.

No primeiro dia, tivemos um intervalo e fomos conhecer a redação. Era tarde e estava quase na hora do Jornal da Globo, por isso não pudemos entrar, só ver do alto, de outro andar. Era impressionante: centenas de computadores novos e organizados, ilhas de produção de conteúdo e, na ponta de tudo, Lillian Witte Fibe dando escândalo e jogando as laudas do jornal de cima da bancada no chão.

Senti um incômodo, mas não dei tanta importância. Acho que na época eu não considerava esquisito, improvável, muito menos tóxico ou doentio alguém ter um ataque de fúria no ambiente de trabalho. Era quase como se fizesse parte de estar na TV, certa "loucura" misturada a uma impulsividade necessária para ter coragem de atos grandiosos e chegar ao topo, à fama.

O processo seletivo demorou quase três meses e, no finzinho de março de 2000, fui contratada como estagiária do jornalismo. Estar ali era, basicamente, um sonho. Na primeira semana, tivemos inúmeras reuniões e apresentações. Lembro-me de ficar impressionada quando, numa apresentação sobre o Projac, nos contaram a quantidade de água que era usada por dia nos estúdios de gravação – algo suficiente para abastecer uma cidade de mais de 50 mil habitantes.

Tudo era em exagero. Um deslumbre. Em outra apresentação, soubemos dos projetos futuros – as TVs inteligentes com as quais poderíamos interagir, comprando a programação que desejávamos e tendo acesso às roupas dos personagens e aos objetos cenográficos usados nas novelas. Parecia um filme de ficção científica. Foi o ano em que o Google chegou ao Brasil.

Tudo ainda era muito analógico e, durante aquele ano de estágio, passei boa parte dos fins de semana de plantão na rádio-escuta – uma salinha minúscula e escura onde havia quase dez televisores ligados simultaneamente em canais diferentes e dois rádios comunicadores sintonizados na frequência da polícia e dos bombeiros para que, se algo acontecesse, a gente soubesse em tempo real. Ao chegar em casa, dificilmente conseguia dormir, porque o estímulo era tão intenso que eu demorava para desligar. Mesmo assim, estava muito feliz.

No começo, tive a oportunidade de acompanhar vários repórteres. Lembro-me especialmente de duas experiências: uma com um repórter cujo nome prefiro não citar, que já saía da redação com o texto escrito e, quando chegava ao local de gravação, fazia os entrevistados responderem o que se encaixaria no roteiro que ele havia construído. Aquilo me deixava perplexa, atônita. Minha vontade era de pedir o microfone emprestado e dizer: pode ficar no carro, eu faço, eu quero ouvir as pessoas, quero conhecer a realidade que ainda não conheço e mostrar aos telespectadores algo que eles também nunca viram. Mas eu era apenas uma estagiária.

A outra experiência marcante foi com Caco Barcellos, feita para o Jornal Nacional. A reportagem investigava um suposto esquema clandestino de envio de pacientes brasileiros para fazer um tratamento revolucionário em Cuba. Fomos ao centro da cidade entrevistar o advogado da empresa acusada.

Eu e o cinegrafista fomos buscar Caco em casa, e ele demorou um bocado para aparecer. Quando chegou, sabia que estávamos atrasados para a entrevista, mas mantinha uma calma invejável. No carro, fez um monte de perguntas sobre minha vida, sobre o processo seletivo e, pelo jeito que ele olhava para mim, eu tinha certeza de que ele realmente estava ouvindo. Caco tem esse jeito gentil de perguntar e escutar.

Quando chegamos ao centro, Caco parou num camelô e comprou um presente para o filho. O vendedor o reconheceu, elogiou o trabalho dele e Caco, claro, ficou ali por mais ou menos uns quinze minutos conversando com o ambulante, deixando-o com aquela sensação incrível de ser ouvido por Caco Barcellos. Depois seguimos para o escritório da tal empresa.

O advogado apareceu: usava um terno mal-ajambrado e sapatos gastos, com a sola de borracha solta. Do alto dos meus 22 anos e com toda a petulância de quem acha que pode julgar o outro pela aparência, eu tinha certeza de que "a gente" abriria o Jornal Nacional com uma baita reportagem de denúncia. Por sua vez, Caco entrevistou o advogado com toda a paciência do mundo, fez perguntas incisivas e, quando saímos, ele me disse:

— Não tem matéria.

— Como assim?

— Não há prova de que estejam fazendo algo ilegal. O advogado respondeu a tudo o que perguntei. Apesar de estar nervoso, ele tinha argumentos para todas as questões. Além disso, os depoimentos das pessoas que foram a Cuba atrás do tratamento é de que realmente sentiram melhora. O que a gente pode fazer? Tirar a esperança de pessoas que acham que estão melhorando, colocar uma dúvida na cabeça delas, acusar uma empresa, acabar com um negócio que pode estar fazendo bem a pacientes de uma doença sem cura?

Foi uma baita lição para mim. Estar aberta. Sentir o que realmente importa, não querer uma reportagem acima de tudo.

Outros dois momentos da minha carreira tiveram relação com essa experiência e merecem ser citados. Em um deles eu estava investigando atividades irregulares que ocorriam na Associação Paulista para o Desenvolvimento da Medicina (SPDM), que, entre outras atividades, mantém o Hospital São Paulo – o hospital universitário da Universidade Federal de São Paulo (Unifesp).

As denúncias eram alarmantes: médicos que abusavam de pacientes e enfermeiras, funcionários-fantasma ganhando rios de dinheiro, remédios oncológicos que nunca chegavam a ser administrados nos pacientes porque as ampolas eram roubadas por gente do hospital. E, enquanto isso, faltava o básico, como curativo e soro nas prateleiras do almoxarifado. Depois de toda a investigação e da gravação de depoimentos, decidimos entrar no hospital com uma câmera escondida. As imagens mostravam a falência do sistema. Decidimos que a reportagem abriria a segunda edição do SPTV.

A primeira reportagem de um jornal é sempre uma responsabilidade muito grande, porque é o que determina se a audiência vai subir ou cair. Por isso, a primeira reportagem é sempre a aposta do editor-chefe. Faltando dez minutos para o jornal começar, recebi um telefonema de uma das fontes. Com a voz acelerada e angustiada, a pessoa me disse: "Mari, descobriram que dei entrevista. Estão ameaçando matar meu filho". Fui correndo falar com a editora-chefe, e decidimos "derrubar" a matéria. A sensação de ter em mãos algo que pode mudar radicalmente a vida de alguém é estranha: ao mesmo tempo que você se sente poderosa, vem uma carga avassaladora de responsabilidade. Naquele dia, fui para casa exausta, frustrada, pensando em quantos pacientes com câncer continuariam sem medicação se aquele esquema não fosse desmascarado.

No outro momento, eu já estava no Fantástico. O programa estava apurando um suposto filho de Ronaldo Fenômeno. Fabiana Godoy havia conseguido o telefone de uma mulher que vivia no Japão e dizia ter engravidado do jogador. Ela acusava Ronaldo de não reconhecer a criança e concordou em falar com o Fantástico para pressioná-lo a pagar pensão. Eu "herdei" aquela reportagem depois que Fabiana saiu da

Globo para trabalhar em uma revista. Fiquei incomodada de fazer uma reportagem sobre a vida íntima de dois adultos e uma criança inocente.

Telefonei para Ronaldo e avisei que estávamos indo a Florianópolis – para onde a moça havia se mudado – gravar a entrevista que iria ao ar. Perguntei se ele gostaria de se pronunciar. Ele respondeu que não, que se pronunciaria sobre o caso na justiça. E completou: "Ainda não fui indiciado; quando for, me pronuncio". Achei sábio. Quando chegamos a Floripa, não havia dúvidas: o menino, Alexander, era uma cópia de Ronald, primeiro filho de Ronaldo – que é a cara do pai.

As regras de jornalismo da TV Globo não permitem expor crianças, portanto gravamos toda a reportagem sem mostrar o rosto do menino. Entrevistei Michele Umezu, mãe do garoto, e senti uma tristeza profunda por expor algo que, naquele momento, era doloroso para ela. Imaginei o filho, anos depois, vendo a reportagem em que a mãe acusava o pai de não o querer assumir.

Já de volta a São Paulo, na sexta-feira à noite, quando estava terminando de editar a reportagem, meu celular tocou. Era o Fenômeno. Contei como tinha sido a entrevista, disse o que tinha achado do menino, percebi que ele sorriu ao telefone quando eu disse que a criança era fofa, cheia de energia e muito alegre. Ronaldo me pediu para não colocar a reportagem no ar, disse que o processo estava correndo na justiça e afirmou que, quando chegasse a hora, se tivesse que fazer o exame de DNA, faria e reconheceria a criança caso o resultado fosse positivo. Disse ainda que era uma oportunidade de ele "fazer as pazes" com o Fantástico, já que estava ressentido por o programa ter divulgado a extorsão que ele sofreu de travestis em 2008.

Fui conversar com Álvaro Pereira Júnior, que, na época, era chefe de redação do Fantástico em São Paulo. Ele me disse para telefonar direto para o Luizinho, editor-chefe e mandachuva do programa, no Rio. Convenci Luizinho a não colocar a reportagem no ar e voltei para casa com o coração em paz.

Foi nesses tempos de estagiária que construí os alicerces da minha carreira. Naquela época, a atenção aos novatos da redação era muito forte dentro da Globo. Todos pareciam querer ensinar como fazer bom jornalismo e, mais que isso, passar adiante o "padrão Globo de qualidade". Passei a maior parte do tempo na pauta do Jornal Nacional, que estava desfalcada porque alguns "pauteiros" haviam tirado férias. Não tinha desculpa: se estava lá, precisava fazer o que faria o profissional contratado para aquela função.

A Globo daquela época tinha processos muito bem azeitados, tudo fluía e todo mundo parecia saber exatamente o que fazer para que a máquina continuasse funcionando em seu melhor estado, na mais alta produtividade. Mas é claro que nem tudo pode ser resolvido com processos que funcionam às mil maravilhas; há também as relações humanas.

Muitas e muitas vezes, ouvi de colegas que eu deveria tratar bem os cinegrafistas porque, se eles não gostassem de mim, acabariam com a reportagem ou acabariam com minha imagem no vídeo, me deixando mal iluminada, feia etc. Ainda tenho dificuldade de acreditar que a gente precise desse tipo de conselho. Por qual razão eu trataria mal um cinegrafista, alguém da equipe, alguém que – pensava eu – tinha o mesmo objetivo, entregar o melhor trabalho possível ao telespectador?

Mantive, dessa época, grandes amigos cinegrafistas. Gente que eu amo do fundo do coração. Um deles, Bartolomeu Clemente, me chamava de *ménina*, com seu delicioso sotaque pernambucano. Um dos repórteres cinematográficos mais brilhantes que já conheci. Bartô trabalhava no Fantástico e foi um dos primeiros brasileiros a fazer imagens subaquáticas. E nele ele também se saía bem: mudava pouco o ambiente antes de gravar, usava pouca luz, falava pouco, acertava a posição da câmera enquanto eu conversava com o entrevistado e me dava uma piscadinha quando já estava pronto para gravar.

Essa discrição deixava tudo mais natural. Bartô ensinou-me a nunca contar antecipadamente para o entrevistado quais perguntas eu faria, ensinou-me que eu não precisava buscar a perfeição no que ia dizer para a câmera, que normalmente aquilo que era dito de improviso, na primeira vez, era o melhor, o mais forte, o que vinha do interior mais profundo.

Mas também vivi algumas poucas situações em que tive discussões sérias com cinegrafistas que se recusavam a trabalhar direito. Na imensa maioria das vezes, por vaidade, raiva, medo. Como essas emoções mexem com as relações de trabalho, né? Eu as experimentei em inúmeros momentos da carreira, obviamente, sem consciência do que estava vivenciando.

Em uma das minhas "saídas" da redação, ainda como estagiária, tive a oportunidade de voar de Globocop com o repórter Sylvestre Serrano. Eu nunca tinha voado de helicóptero e estava com um misto de excitação, receio e curiosidade. Queria entender como funcionava ver tudo do alto e compreender em que parte da cidade estávamos, como se localizar lá de cima.

Sylvestre tinha bastante experiência. Quando entrei no Globocop, coloquei o fone de ouvido e tudo o que ouvi foi ruído. Fiquei nervosa e disse em voz alta: "Não estou ouvindo nada". Ele e o comandante tentaram ajustar a comunicação e fazer testes. Até que Sylvestre olhou para mim e disse: "Você é muito feia". Eu compreendi por leitura labial e mandei ele para aquele lugar. Na mesma hora, ele retrucou: "Mulher é tudo igual, só ouve o que quer".

Levei na brincadeira, ajustamos a comunicação e fizemos um voo com várias entradas ao vivo no SPTV. Quando pousamos, pegamos uma escada de serviço que dava na redação e ele me questionou: "Posso fazer duas perguntas?". Pode, respondi. "Que perfume você está usando? Você tem namorado?"

Eu tinha namorado, o Ricardo. E o perfume que estava usando era da Mary Kay, se chamava Journey. Mas as perguntas ficaram reverberando como o primeiro zunido que ouvi quando coloquei os fones do Globocop. Acabei me casando com Sylvestre. Hoje, quando penso nessa época, lembro-me de um trecho de *A filha perdida*, de Elena Ferrante, em que a personagem/narradora diz: "Eu não podia lhe dizer aos berros que já sabia tudo sobre mim mesma, que estava com mil ideias novas, estudando, amando outros homens, apaixonando-me por qualquer um que dissesse que eu era talentosa, inteligente, que me ajudasse a me testar".

As perguntas de Sylvestre me pegaram desprevenida num momento em que eu estava desprotegida: fazia menos de um ano que minha mãe tinha morrido, eu estava experimentando viver um sonho (trabalhar na Globo) e ao mesmo tempo um desafio imenso (provar que eu merecia estar ali). Eu me sentia minúscula naquela imensidão de empresa. Ainda não tinha consciência de me valorizar em meio àquele processo que fluía tão bem. Achava que uma estagiária era um estorvo, alguém para fazer as tarefas burocráticas chatas, alguém para padecer para sempre na escuridão ruidosa da rádio-escuta.

E foi ali, naquela salinha minúscula, que enfrentei um dos maiores pesadelos da minha carreira. Sábado, ainda antes do almoço, o telefone tocou. Atendi. Do outro lado da linha, uma voz ameaçadora de mulher:

— Mariana, que coisa feia, saindo com homem casado. Sabia que o mundo do jornalismo é pequeno, que todo mundo se conhece? Sabe quando você vai ser contratada? Nunca! Aliás, você nunca vai conseguir emprego depois de sair daqui, você nunca vai ser ninguém na vida. Sua vida, como jornalista, está acabada.

Os telefonemas de ameaça se repetiram durante muitos plantões. Na época em que aceitei o primeiro convite de Sylvestre para jantar, ele me contou que estava se separando e que ela também trabalhava na Globo. Eu não a conhecia, mas sabia quem era. Eles tiveram um casamento curto e, pelo que me disse, um processo de divórcio delicado. Hoje me imagino no lugar dela, ferida pela separação e vendo o ex-marido, no trabalho, paquerando outra mulher. Na época, senti muito medo pela minha carreira. Passei a me sentir perseguida dentro da Globo, achava que qualquer pessoa que me olhava estava me julgando. Tentava imaginar quem era a voz das tais ligações.

Tempos depois, conversando com uma amiga que admiro, ouvi: "Até que ponto você não se casou com Sylvestre para provar que aquilo não era apenas um capricho de estagiária, mas sim um amor que a levou a trocar alianças?". Pois é. Sylvestre é onze anos mais velho que eu; e uma criança perdida, machucada, depois da morte da mãe, procura um porto-seguro. Ele podia me dar muitas dicas profissionais com toda a experiência que tinha. A mãe dele, que eu sempre adorei, me lembrava muito minha própria mãe. Os amigos de Sylvestre eram divertidos e me acolheram superbem.

Não fui contratada quando o estágio acabou. Fiquei arrasada, preocupada, ansiosa. Todas as noites deitava a cabeça no travesseiro e ouvia a voz no telefone da rádio-escuta: "Sua vida como jornalista está acabada". Foram tempos sombrios, de um medo que me deixava em alerta até para ir à padaria.

No entanto, não muito tempo depois, um ex-repórter da GloboNews me ligou e disse que uma conhecida buscava alguém para ajudá-la em um projeto de assessoria de imprensa para o Ministério da Saúde. Eu não gostava de assessoria de imprensa e não tinha interesse em trabalhar para o governo, mas precisava sentir que podia retomar minha carreira.

Fui contratada. O escritório era minúsculo, numa casinha em Pinheiros, com pouquíssima estrutura. Quando comecei, nem computador tinha. A dona tinha outro emprego e chegava ao escritório, na maioria das vezes, depois das seis da tarde. Eu entrava às sete da manhã e ficava o dia inteiro sem ter o que fazer, porque ela só me dava orientações no fim do dia. Como dói lembrar tudo isso!

Aquele inferno durou pouco: três meses, no máximo. Numa terça-feira, Marcos Aidar, que na época era chefe da produção de pauta do jornalismo local de São Paulo, ofereceu-me uma vaga de pauteira/produtora. Ele disse que eu precisaria começar imediatamente, porque os jornais locais estavam desfalcados. Justamente naquela semana, tínhamos um evento do Ministério da Saúde, no Rio de Janeiro, que eu estava ajudando a organizar. Eu embarcaria na quinta e havia programado passar o fim de semana lá com Sylvestre para aproveitarmos a passagem que eu "ganharia" pelo trabalho.

Uma enxurrada de pensamentos sacudiu minha cabeça quando desliguei o telefone. *Seria minha chance de voltar para a Globo? Minha carreira não está acabada! Mas como vou deixar a assessoria na mão? O evento já está quase todo organizado, outra pessoa pode ir no meu lugar. Ainda tenho amanhã para os últimos ajustes. Nossa, ela vai ficar muito irritada quando eu disser que não vou para o Rio. Mas se ela não me respeita e fica comendo uva e tomando martíni, por que não posso deixá-la irritada?*

Naquela noite, quando ela chegou, eu disse que havia recebido uma proposta de voltar para a Globo. Não havia como negar. Ela concordou, só que, quando eu disse que não ia mais para o Rio, ela explodiu. Começou a me xingar de tudo quanto é nome e voltou a dizer as frases que eu mais temia: "Sua carreira está acabada. Você é uma jornalistazinha de merda, vai ser estagiária mimada para sempre, nunca será ninguém no jornalismo".

Saí aliviada, mas também apavorada. Quando cheguei em casa, telefonei para o Aidar: "Pronto, posso começar na quinta". Ele gaguejou do outro lado da linha, procurando as palavras para me dizer que as coisas haviam mudado de rumo e a chefia de redação decidira promover uma menina que trabalhava na rádio-escuta; a vaga não era mais minha. Chorei não sei por quantas horas. No fim, decidi ir para o Rio de Janeiro aproveitar o fim de semana e tentar espairecer. Sylvestre e eu tivemos ótimos momentos.

Quando voltamos, ele me passou o e-mail de Marcelo Parada, com quem havia trabalhado na Jovem Pan e que, naquela circunstância, era diretor da Rádio Bandeirantes. Escrevi um e-mail curto para me apresentar, dizendo que precisava trabalhar. Nunca recebi resposta. Durante mais de um mês, telefonei para todas as redações, fiz contatos com tanta gente e levei tantos nãos que nem sei contar. Talvez o pior de todos tenha sido na TV Cultura, onde a pessoa que me entrevistou na época parecia desprezar o fato de eu ter trabalhado na Globo. Eu estava exausta, amedrontada. Minha autoestima havia sumido.

Na época, Sylvestre me apoiou demais. Ele disse: "liga para o Parada". "Mas ele não respondeu meu e-mail!" Foi assim que fui parar na Band. Entrei como redatora do site (recém-criado) da Rádio Bandeirantes, que era a única vaga disponível. O salário era menor que o de estagiária na Globo.

Um mês depois de ter começado a trabalhar na Rádio Bandeirantes, meu telefone tocou de novo. Dessa vez, quem me ligou foi Rodrigo Hornhardt, que também era produtor na Globo, mas havia sido deslocado para montar a equipe do que mais tarde se transformaria no globo.com. Quando Rodrigo me ofereceu a vaga, contei a ele sobre a ligação do Aidar, o pedido de demissão da assessoria de imprensa e, claro, sobre meu emprego na Rádio Bandeirantes. Falei ainda da suspeita de que a mudança repentina no primeiro convite tinha ligação com meu relacionamento com Sylvestre.

No dia seguinte ele me ligou para contar que, realmente, naquela época, a direção havia cedido a um pedido da ex-mulher de Sylvestre para que eu não voltasse à redação, mas afirmou que, agora, a direção bancaria a minha volta à Globo. Não vou dizer que não curti o novo convite. Mas dessa vez era diferente, eu estava adorando o trabalho que tinha. Acho que o que mais me deixou feliz foi ter a confirmação de que eu não estava ficando louca. Na mesma semana, houve uma mudança na direção da Globo em São Paulo. Rodrigo me ligou e ponderou: "Mari, agora sem o apoio da direção, não sei se consigo trazer você". Fiquei frustrada, pensativa, mas meu coração estava em paz.

No caminho para a Rádio Bandeirantes, eu passava pela sede da Globo em São Paulo. Eu apontava e dizia: "Vou voltar!". Fiz isso por uns quatro anos, até que comecei a adorar trabalhar na Band e me libertei.

Em 2004, Carlos Nascimento foi contratado pela Band para apresentar o principal jornal da emissora, e eu fui convidada para ser a "editora do tempo". Nascimento dizia que a previsão do tempo na televisão brasileira era pouco valorizada, que deveríamos criar por aqui algo semelhante ao que existia na Europa e nos Estados Unidos, onde as pessoas acompanham a previsão do tempo quase como um programa independente na TV. Mesmo assim, quando ouvi o convite imediatamente me veio à cabeça o estereótipo da "moça do tempo". Eu tinha muito preconceito em assumir aquela posição, em virar uma dessas meninas que ninguém respeita, mas que todo mundo deseja.

Esse quadro na Globo era tão repetitivo que me lembro de na época um blog fazer uma sátira gerando automaticamente a previsão do tempo para o dia: "Uma frente fria se aproxima do Sul do país, por isso o céu fica com nuvens carregadas no Sudeste e a máxima não passa de dezenove graus em São Paulo". Mas o projeto de Nascimento era convincente, ele me mostrou vários vídeos de editores do tempo na Europa e nos Estados Unidos. E, claro, havia a sedução de estar no principal jornal da emissora, ao lado de um cara de prestígio. A Band estava investindo pesado naquele jornal e havia me chamado, me dado um voto de confiança.

Duas semanas depois que o jornal estreou, numa sexta-feira, Marcos Massari, sócio da Somar Meteorologia, empresa que prestava serviço de previsão do tempo para a Band, me ligou:

— Mariana, tenho um furo para você. Um furacão na costa do Brasil.
— Como assim, Massari? Não existe furacão no Brasil!
— Pois é, eu sei, mas você tem imagem de satélite aí por perto? Veja no computador.

Quando conferi, vi um bolo de nuvens giratórias com um furo no meio, bem perto da costa de Santa Catarina.

— Massari, o que é isso?
— Deve ser um ciclone extratropical.
— Mas tem um furo no meio.
— Por isso que tem gente falando que é um furacão.
— Mas o que respondo quando o Nascimento perguntar ao vivo sobre a previsão do tempo?
— Fala que é um *furaquinho*.

Na época, eu tinha pouquíssimas fontes de previsão do tempo, havia acabado de começar naquela função. Quando Nascimento me perguntou sobre o furacão, eu prontamente respondi: "Nascimento, está mais para *furaquinho*. O mar pode ficar agitado, vai ser bom para o surfe, as ondas vão chegar a dois metros de altura!".

No dia seguinte, sábado de manhã, na capa do *Estadão*, a manchete estampada: "Ciclone extratropical deixa nove mortos em Santa Catarina". Naquele instante comecei a chorar e entendi a responsabilidade de falar sobre a previsão do tempo. Também era notícia. Liguei para o Nascimento, que me disse: "Se vira, a gente vai ter que explicar segunda-feira por que dissemos que era um *furaquinho*, por que não demos a real dimensão do que ocorreria". Foi uma saga descobrir por que havíamos errado tanto – e a Band não era a única que não havia alertado corretamente para a fúria dos ventos e da tempestade.

No jornal daquela noite, contei tudo o que descobri a Nascimento e aos telespectadores. Dali em diante, minha visão sobre minha função mudou completamente: passei a valorizar demais o cargo de editora do tempo. Comecei a estudar fenômenos meteorológicos e climáticos.

A época era propícia: as mudanças climáticas estavam ganhando maior espaço na pauta; dois anos depois, Al Gore lançaria o documentário e o livro *Uma verdade inconveniente*. Aprendi que o clima influencia a economia, o setor de serviços, a política e, claro, a agricultura.

Tudo o que aprendi foi essencial para o convite que receberia dois anos mais tarde: Nascimento estava deixando a Band. Ricardo Boechat e Joelmir Beting, que já eram comentaristas do jornal, assumiriam a bancada. E eu estaria ao lado deles, como âncora e editora do tempo. Foram tempos divertidos. Eu tinha admiração por aqueles dois. Boechat valorizava muito o público – não se conformava se um único telespectador dizia não ter entendido alguma notícia; no dia seguinte, fazia questão de explicar melhor. Lia todos os e-mails e mensagens que mandavam para ele. Joelmir era um tradutor exímio de termos difíceis – um grande fazedor de metáforas.

No entanto, apesar do clima favorável, alguns acontecimentos vinham me deixando chateada. O primeiro deles ocorreu em agosto de 2005, quando o furacão Katrina atingiu com tudo a costa de Nova Orleans, nos Estados Unidos. Já fazia algum tempo que eu estava negociando uma visita ao National Hurricane Center em Miami. As conversas com um dos diretores estavam bem adiantadas, ele havia me autorizado a conhecer a sede, mostrar como tudo funcionava e voar, junto com meteorologistas, dentro do olho de um furacão – uma região assustadora à primeira vista, mas de condições climáticas bem mais amenas que as bordas da tempestade.

Em uma das conversas que tivemos, no começo de julho de 2005, ele me disse: "Se quiser pegar algo grande, venha na terceira semana de agosto. Um monstro se aproxima". Conversando com meu chefe na época para levantar verba para a viagem, mostrei o e-mail do diretor do NHC, mas ele negou meu pedido. Durante mais de um mês eu acompanhei na CNN internacional e na ABC a rota daquela tempestade e virei muito fã de Anderson Cooper e de Robert Marciano. Eu deixava de dormir para ficar ali, junto com eles, observando o caminhar lento e gradativo daquele bolo de nuvens que não parava de crescer, alimentado pelas águas aquecidas do oceano Atlântico.

No dia 26 de agosto daquele ano, quando o Katrina chegou aos Estados Unidos, eu só conseguia pensar: *Eu poderia estar lá, eu poderia ser a primeira jornalista brasileira a ter uma imagem desse furacão in loco, eu poderia estar ao lado do Anderson Cooper*. Não fui a Nova Orleans e ainda tive de produzir um documentário especial sobre o Katrina, de dentro da redação, coordenando os repórteres da Band que haviam se deslocado para a cobertura.

No ano seguinte, outra frustração. O Painel Intergovernamental de Mudanças Climáticas estava prestes a lançar um novo relatório. Era grande a expectativa em relação ao que seria divulgado – quais seriam as áreas do planeta mais afetadas pelas mudanças climáticas, quanto a temperatura havia de fato subido nos últimos tempos, a previsão para os próximos anos etc. Eu tinha como fonte um dos relatores do painel naquele ano, e ele havia me adiantado alguns dados: o painel traria grande destaque para o derretimento das camadas de gelo nos polos e o branqueamento dos corais nos oceanos. Investiguei quais eram as melhores formas de mostrar aquela situação, negociei uma visita com um pesquisador da Estação Antártica Comandante Ferraz, na Antártica, consegui um superdesconto com uma agência de turismo e fui novamente à sala do diretor negociar a liberação do orçamento. Pedido negado. Quatro meses depois, a reportagem sobre os polos foi capa da *Veja* e abriu o Jornal Nacional com uma belíssima matéria de Sonia Bridi.

Comecei me lembrar dos tempos de Globo e dizer para o universo, assim, como quem não quer nada e quer tudo, que aquele era um bom momento para eu receber um novo convite para voltar.

No começo de 2008, recebi uma mensagem de uma colega de trabalho. Ela já tinha me escrito algumas vezes, na maioria pedindo favores.

Pensei que poderia simplesmente fingir não ter visto, mas ela pedia que eu lhe telefonasse o quanto antes. Liguei, e ela me disse: "Mari, acabei de falar com o Latgé sobre uma amiga que quer muito trabalhar na Globo, mas ele não quer nem ouvir, só fala de você. Quer te contratar". Luiz Claudio Latgé era o diretor de redação da TV Globo em São Paulo.

— Oi, Latgé. A Mali me disse que você queria falar comigo.

— Quero trazer você de volta. O problema é que sou amigo do Boechat, que vai ficar muito bravo.

— O Boechat é a última pessoa que ficará brava, Latgé.

— Então, topa conversar amanhã?

Marcamos um encontro em um restaurante bem vazio para o dia seguinte. Eu estava ansiosa, mas o papo fluiu de maneira muito bacana. Ele parecia um pouco envergonhado, disse que não tinha lugar na bancada para me oferecer. Contou-me que precisavam reforçar o time feminino de repórteres do Jornal Nacional, mas que como ninguém entra "direto" no Jornal Nacional, se eu topasse a proposta passaria algumas semanas trabalhando em outros jornais antes de assumir a vaga lá.

Eu disse a ele que meu sonho era reformular a previsão do tempo na Globo. Contei sobre os resultados incríveis que a gente obtinha na audiência, falei sobre a quantidade de fontes que eu conquistara na área e sobre tudo o que eu imaginava que poderia ser feito com a tecnologia que a Globo tinha disponível para cenários virtuais.

Ele escutou, mas contra-argumentou: "Ninguém liga para a previsão do tempo. Esquece isso". Fiquei triste, mas pensei que, uma vez lá, quem sabe convencesse as pessoas de que aquilo era relevante.

No fim do almoço, ele perguntou quanto eu ganhava, levou um pequeno susto e afirmou, na sequência: "Eu não tenho essa grana para oferecer".

Quando eu tinha 20 anos e minha mãe tinha acabado de falecer, comecei a fazer massagens com Maria Alice, uma grande amiga até hoje.

Ela não apenas tinha mãos de fada como também era uma bruxona de corpo e alma. Estudava medicina chinesa, alquimia, fraternidade branca, numerologia, astrologia, radiestesia, *patchwork* e tudo o que se pode imaginar. Em sua maca, eu sentia cores vibrando pelo corpo e saía de lá renovada. Um dia, quando fui pagar a massagem com um cheque, vi que no verso da folha ela tinha escrito uma mistura de letras e números. Quando perguntei o que era, ela respondeu: "A gente tem que manifestar no agora aquilo que queremos no futuro. Estou colocando minhas iniciais com o saldo que quero ter na conta bancária em dez anos". Adorei aquilo e imediatamente criei uma sigla para a quantia que eu sonhava ganhar quando fizesse 30 anos. Durante dez anos, todas as minhas senhas tinham aquela sigla, e eu usava minhas meditações para visualizar aquela cifra em meu holerite.

Com 29 anos, fiz uma renovação contratual com a Band e atingi a meta fixada aos vinte. Prestes a completar trinta, porém, se quisesse voltar à Globo, precisaria abrir mão daquele valor.

— Quanto você tem, Latgé?

— Não dá nem pra oferecer. Vou tentar melhorar o valor e a gente volta a se falar.

Concordei, e a gente combinou de conversar na semana seguinte. Mas duas semanas se passaram e ele não ligou. Decidi telefonar e perguntar se ele tinha alguma proposta para me fazer. Pelo telefone, ele me disse que não se sentia confortável de me fazer a proposta com o que tinha conseguido, porque era muito menos do que eu ganhava na Band. Insisti para que ele me dissesse o valor: 10 mil a menos todo mês.

— Eu vou.

— Você vem ganhando 10 mil a menos?

— Não estou indo pelo dinheiro, Latgé.

— Se tudo der certo, no próximo contrato a gente aumenta um pouco.

Depois de uma semana, ele me ligou novamente marcando um café da manhã. Parecia tenso. Cheguei a desacreditar: mais um convite que iria pelo ralo? Será que eu estava revivendo a mesma história oito anos depois? Revi todo aquele filme, mas logo em seguida ele me garantiu: "Não se preocupe, o Schroder quer trazer você para a Globo". Schroder era diretor da Central Globo de Jornalismo, e eu o havia conhecido numa conversa bem rápida, dois anos antes, durante a cobertura da Copa do Mundo na Alemanha, na qual trabalhei pela Band. O problema era que ele quase nunca estava em São Paulo, pois passava a maior parte do tempo no Rio de Janeiro.

Fiquei preocupada, porque já era sabido, na época, que Latgé seria substituído, e eu me perguntava se a pessoa que assumiria seu lugar sabia das conversas, das negociações, da minha vontade de reformular o tempo, da minha carreira, das minhas competências. Além disso, eu ainda precisava comunicar a Band sobre minha saída. Fui conversar com o diretor que negara os meus pedidos de viagem para Nova Orleans e para a Antártica:

— Recebi uma proposta da Globo e quero ir.

— Como assim?

Agradeci muito por tudo que a Band havia feito por mim, mas disse que era hora de partir. Ele me pediu um dia para articular uma contraproposta. Foi feita uma reunião em que me ofereceram o dobro do meu salário e participação nos lucros com os anúncios do jornal. Aproveitei a oportunidade para falar sobre minhas frustrações. Contei a Walter Ceneviva, na época vice-presidente da Band, o quanto me senti desvalorizada todas as vezes em que apresentei projetos promissores que não foram para a frente. E completei:

— Não estou indo pelo dinheiro. Sonho não tem preço, e desde que saí da Globo sonho em voltar.

Agradeci muito por toda a trajetória, por todas as oportunidades e por todos os aprendizados.

Jornada de exploressência

Parte 7

Como é sua relação com o dinheiro?

Em 2019, participei de um curso para mulheres que misturava autoconhecimento e finanças. Para a idealizadora, Isabel Clemente, dinheiro é energia; por isso, ela misturava na jornada planilhas de Excel com frases de Osho.

Um exemplo de trecho:

> Aceito-o como você é, mas isso não quer dizer que eu deseje que você permaneça como é. Amo-o como você é, mas o amo porque há muito potencial em você, uma enorme possibilidade de crescimento, a ponto de apenas com um pouco de esforço você poder se tornar luz em si mesmo.

Claro que quando Osho disse isso ele não estava falando sobre dinheiro, mas é muito interessante pensar por essa perspectiva. Dinheiro é potencial, é caminho, e não fim. Você concorda? A provocação de Bel, minha amiga e facilitadora do curso, era de que, para dar ao dinheiro a possibilidade de crescimento, devemos oferecer-lhe condições de crescer, mais ou menos como fazemos com as crianças: cuidando o tempo todo. Como você cuida de seu dinheiro?

Outra pergunta que Bel nos fez durante o curso e que eu lhe faço agora é: o que é suficiente para você? Não precisa pensar em dinheiro. Se preferir, pode pensar em termos de vida mesmo. Que vida é suficiente?

Você tem coragem de pensar na quantia que gostaria de ganhar? Acha que é merecedor dessa quantia? Consegue precificar com facilidade o trabalho ou serviço que oferece? Já abriu mão de ganhar mais para ir atrás de algum sonho? Há pendências financeiras barrando a realização de alguma mudança importante em sua vida?

Se você teve dificuldade de responder a qualquer uma dessas perguntas, tente escrever as crenças que sua família tinha ou ainda tem sobre o dinheiro. Podem ser pensamentos como "dinheiro não nasce em árvore", "vai lavar as mãos, você pegou em dinheiro, dinheiro é sujo", e assim por diante. Isso já deve dar algumas pistas de como anda sua relação com a energia do dinheiro.

....

....

....

....

Por último, deixo uma sugestão de exercício que minha terapeuta me deu certa vez. Depois de escrever todas as suas crenças sobre o dinheiro, risque a palavra "dinheiro" e substitua-a pela palavra "amor". Veja o que acontece.

8

(Re)começo na Globo
Cicatrizes e frestas de luz

Durante anos na infância e na adolescência, fui apaixonada por um grande amigo. Quando finalmente ficamos juntos, anos mais tarde, nada aconteceu como eu esperava. No dia seguinte, por telefone, falei: "Acho que já tinha imaginado estar com você tantas vezes que nada poderia superar minha imaginação".

Eu também já tinha visualizado minha volta para a Globo inúmeras vezes, mas em muitos aspectos os "presentes" que recebi quando voltei superaram minhas expectativas. É claro que houve contratempos, como quando fiz minha primeira reportagem para o Jornal Nacional e estávamos gravando a última entrevista do dia, por volta das seis da tarde de um sábado, na casa de uma família na zona leste de São Paulo, e a luz do bairro acabou. Sem energia, era impossível terminar a matéria. O técnico de luz e som que na época compunha a equipe sugeriu ligar o farol do carro para iluminar a sala da entrevistada e continuar o trabalho. Deu certo!

Nunca vou esquecer o dia em que a Terezoca, uma das diretoras de projetos mais especiais, parou-me no corredor e perguntou: "Você mergulha, né?". Respondi que sim, mesmo tendo feito apenas alguns "batismos" com tubos de oxigênio em viagens de férias. Nasceu naquele papo o convite para apresentar o Globo Mar!

Quando ouvi a ideia de como seria o programa, lembrei-me imediatamente das inúmeras vezes em que devorei revistas de turismo em casa, na adolescência, sonhando um dia ser uma daquelas repórteres que mostram lugares incríveis para deixar todo mundo morrendo de vontade de ir. Mal podia acreditar que havia sido convidada para fazer um programa que ainda nem existia, mas com o qual eu já sonhava havia tanto tempo.

Na primeira temporada do Globo Mar, o desafio da equipe era chegar ao arquipélago de São Pedro e São Paulo – que fica no meio do oceano Atlântico, a mais de mil quilômetros da costa de Pernambuco – e revelar as curiosidades daquele pequeno conjunto de ilhéus rochosos. Passei um mês estudando as ilhas, pensando nos textos e nas imagens que poderíamos fazer. Eu estava tão empolgada quanto nervosa: tinha 32 anos e, pela primeira vez, ia apresentar um programa na Globo, com o Ernesto Paglia, que tinha 32 anos só de emissora!

Duas horas depois de o nosso barco sair de Fernando de Noronha, o piloto automático pifou. Tivemos que voltar à terra firme e, numa reunião, a Terezoca, diretora do programa, decidiu que mudaríamos a pauta e iríamos para um lugar mais perto: Atol das Rocas. Eu não sabia nada sobre o Atol, absolutamente nada! Fiquei desesperada.

Fui assolada pela síndrome da impostora, pensei que jamais conseguiria fazer um programa inteiro sem ter estudado a pauta. No entanto, depois de uma conversa por telefone com o André, meu marido na época, e outra com a própria Zoca, fiquei mais calma e consegui dormir. No dia seguinte, zarpamos cedo. O programa não foi a melhor reportagem que já fiz na vida, mas, sem dúvida, foi uma das mais intensas, divertidas e inesquecíveis. Daquela equipe, guardo amigos muito amados.

Também foi no Globo Mar que vivi uma das histórias mais emocionantes da minha carreira: tínhamos acabado de chegar a Ilhas dos Lençóis, em Cururupu, no Maranhão, que fica relativamente perto dos Lençóis de Barreirinhas. Há uma série de lendas sobre o local, onde há o maior número de pessoas albinas do Brasil, devido ao casamento entre parentes próximos. Logo que saí do barco encontrei Sanã, um menino albino de 9 anos. Ele usava uniforme escolar e uma sombrinha para se proteger do sol. Depois de me contar que estava a caminho da escola, disse que sua matéria preferida era língua portuguesa.

— Jura? A minha também. Sempre adorei português na escola. Do que você mais gosta em português?

— Eu gosto de poemas — respondeu Sanã, com um sorriso doce.

— Uau! Eu também adoro poemas! Qual é seu livro de poemas preferido?

— Não sei, eu nunca vi um livro.

A minha vontade era levar Sanã para minha casa, acomodar-me com ele no tapete da sala e passar um fim de semana inteiro lendo poemas. Lembrei que no iPod eu tinha poemas gravados na voz de Paulo Autran, que apresentava um quadro na rádio BandNews FM. Perguntei a Sanã se ele gostaria de ouvi-los. Marcamos de nos encontrar no fim da tarde e passamos uma hora e meia compartilhando o fone de ouvido. Ele chorando de um lado e eu tentando conter as lágrimas do outro.

Outro momento inesquecível, apenas um ano depois de Globo Mar ter estreado, foi quando Denise Sobrinho, diretora-executiva de jornalismo da Globo São Paulo, chamou-me em sua sala e me perguntou: "Você voaria de caça?". Eu, de pronto, respondi: "Só se for hoje!". E ela completou: "Hoje, não. Vai ser amanhã. Vai para casa e arruma as malas, você embarca para a Suécia daqui a pouco".

Quando eu poderia imaginar que seria esse meu começo como repórter do Fantástico?

Eu ainda trabalhava no Fantástico e estava louca para fazer a segunda temporada do Globo Mar quando fui chamada pela Cristina Piasentini, diretora de jornalismo da Globo São Paulo, para fazer um teste para um novo programa. Ela me contou que algumas apresentadoras já haviam feito o piloto, mas que a sinergia com o Fernando Rocha, que já havia sido escolhido como apresentador, não fora boa. Cristina também me disse em linhas gerais que seria um programa diário sobre saúde, de uma hora de duração, e que ainda não tinha nome.

Durante toda a minha carreira, que ali já tinha mais de uma década, a falta de rotina, o inesperado, o inusitado e o agitado era o que mais me atraía no jornalismo. Tratar todos os dias do mesmo tema não era algo que estava em meus planos, muito menos com a segunda temporada do Globo Mar prestes a começar. Eu sabia que seria impossível conciliar os dois programas.

Quando entrei no estúdio para fazer o teste, no meu íntimo havia um grande dilema: a oportunidade de estar diariamente na grade da Globo como apresentadora ou a realização do meu sonho adolescente de fazer reportagens de turismo em lugares paradisíacos. No dia seguinte, soube que havia sido aprovada como a nova apresentadora do "tal programa secreto de saúde".

Não pude participar da primeira reunião do Bem Estar porque foi exatamente na mesma hora da missa de sétimo dia do meu avô Laertes. Como logo depois da estreia do Jornal da Band eu perdi meu outro avô, o *abuelito* Tito, e deixei de ir ao velório porque um chefe não permitiu que eu faltasse, eu não queria mais perder rituais por causa de trabalho. Vou falar mais sobre meus lutos em breve.

O Bem Estar me trouxe novamente a oportunidade de traduzir um universo técnico para o público. Ajudar a criar uma linguagem para transmitir um conteúdo útil a fim de melhorar a qualidade de vida das pessoas foi um privilégio. Todos os dias recebíamos incontáveis mensagens que relatavam como o programa havia transformado a vida dos telespectadores. E foi ali, no programa, que também tive a oportunidade de atar uma das pontas da minha vida, dando um novo significado ao período de depressão e de pânico que vivi na adolescência.

Como eu já disse, foi naquele período tenebroso que construí os pilares da minha saúde – sono, alimentação e atividade física se transformaram em minhas pílulas diárias de bem-estar. Entendi, apresentando o programa, que é difícil mudar hábitos sem encarar um grande susto ou uma grande dor, e eu podia falar daquilo com propriedade porque havia vivido e seguia vivendo numa construção com tais pilares. Sem dúvida os telespectadores percebiam isso e os médicos que participavam do programa também. Eu ouvia demais das pessoas: você é um símbolo de bem-estar e saúde.

Mesmo sendo símbolo de bem-estar e saúde, adoeci outra vez. O programa começou em fevereiro de 2011, e eu saí de licença-maternidade em setembro de 2013 para ter Miguel. Quando voltei a trabalhar, em abril de 2014, ainda estava deprimida. Hoje, pensando nisso, vem à minha mente o poema "Fresta", escrito pela professora Lúcia Helena Galvão:

> Querida fresta que abri entre dois mundos,
> de pouca largura,
> discreta, modesta,
> mas fresta.
>
> Amo olhar através de ti
> e vislumbrar outras perspectivas
> e só confio quando vejo em ti
> e certifico que ainda estou viva.

> Seja lá o que for que ainda tenha
> ou que perdi, ninguém me tira o alcance, o poder
> de ver de novo através de ti.
>
> Só mesmo em ti é que a dor se ilumina
> e até me ensina e me esclarece.
> Só com a tua luz a cicatriz não entristece
> e é tão divina.

A cicatriz da cesárea que havia me causado tanta dor era minha fresta da vez. E, como diz o poema, se abrirmos a fresta, por mais discreta que ela seja, podemos deixar que a dor se ilumine e se torne divina. Aprendi também com a professora uma frase do filósofo e romancista romeno Mircea Eliade: "Sagrada é a função de dar sentido".

Quando dei novo sentido à minha cicatriz – o de dar à luz e trazer-me também à luz numa nova existência –, tornei minha vida ainda mais sagrada.

Tentar evitar o sofrimento é humano, pois ninguém gosta de sofrer. Mas o fato é que sempre haverá dor na vida: seja física, seja emocional.

Em fevereiro de 2022, fiz uma das melhores entrevistas da minha vida – foi com a autora, roteirista e atriz Nanna de Castro.

Nanna perdeu uma filha, uma de suas trigêmeas, que se suicidou aos 16 anos. Quando conversamos, fazia apenas um ano que Celina havia morrido. Nanna me contou que, quando chegou em casa, depois de ter constatado no hospital que a filha não tinha chance de sobreviver, disse para os irmãos de Celina: "Aqui, agora, a gente tem a chance de decidir como contar a história dessa morte e dessa vida".

Nanna diz que aprendeu que a gente narra nossa vida, que a gente cria a narrativa, seja ela qual for: "Nós vamos viver aqui neste lugar, e neste lugar tem dor. Mas não é verdade que essa dor precisa comandar o meu caminho, que ela precisa ser protagonista no palco da minha vida. A dor tem que ocupar o espaço dela. Quando a dor vem, eu choro. Eu paro tudo e choro. Mas a dor não é o meu guia, não é o meu mestre. A dor não é tudo. Não existe a realidade, o fato. Existe a história que você conta, que você se conta. E isso vale para meninas que se matam e para tudo o mais".

Outra mulher admirável que conheci foi Noele Gomes, mentora de ancestralidade que criou um curso sobre *sankofa* – um conceito que, para o povo acã, da Costa do Marfim, na África Ocidental, pode ser traduzido como "nunca é tarde para retornar ao passado e buscar aquilo que ficou para trás". *Sankofa* é representado por um pássaro que volta sua cabeça para a cauda, e Noele usa essa imagem para ajudar mulheres a criar novas narrativas para suas vidas, buscando em suas raízes aquilo que desejam, honrando o passado e trazendo para o presente apenas o que serve para construir uma história que não permite aquilo que não precisa mais existir.

Enxergo tudo isso como um grande potencial de se perdoar e de perdoar o que já aconteceu com você. Autorizar-se a escrever a própria história, dando ao passado outros significados, é um ato revolucionário de liberdade.

Jornada de exploressência

Parte 8

Qual cicatriz pode ser sua fresta de luz? Você tem alguma dor que hoje é protagonista em sua vida? Que tal dar a ela outro papel nesse palco?

....
....
....
....

Li em *Pra vida toda valer a pena viver*, de Ana Claudia Quintana Arantes, uma história de coragem. Uma mãe vai se consultar com Ana Claudia, que é geriatra especialista em cuidados paliativos; a mulher está completamente deprimida e não quer saber de se cuidar porque sua vida deixou de fazer sentido depois que o filho, aos 18 anos, morreu.

Durante a consulta, Ana Claudia pergunta para a senhora: "Como era seu filho?". A mãe responde que era um menino tão alegre que transformava qualquer ambiente, que não havia jeito de ficar triste com ele por perto. Depois de ouvir esse relato, a médica questionou: "Quer dizer que a senhora teve um professor de felicidade durante dezoito anos e não aprendeu nada?". Ana Claudia ofereceu àquela mãe a chance de contar sobre o filho e, com aquela história, criar uma nova narrativa para a própria vida.

Que tal você escrever uma nova narrativa para uma dor ou um sofrimento que o incomoda?

9

Uma nova vida em minha vida

Descobrir a potência que pulsa dentro da gente

Certa vez, dei um treinamento sobre gratidão e pedi aos funcionários da empresa participante que escrevessem todas as noites, à mão, pelo menos três coisas que ocorreram naquele dia pelas quais eram gratos. Quando escrevemos, recontamos a história do dia para nós mesmos, revivendo momentos que, muitas vezes, passaram despercebidos. Ao recontá-los, temos a oportunidade de apreciá-los. A palavra *apreciar* vem de "dar preço", ou seja, colocar valor. Portanto, quando recontamos fatos do dia a dia para nós mesmos, passamos a valorizar mais a vida, dando a ela outras cores, cheiros e sabores – contornos sagrados.

"Agradeci à enfermeira por não ter machucado meu braço no último exame de sangue que colhi." Esse foi o depoimento que uma das participantes me deu no treinamento. Ao ouvi-la, perguntei se ela havia pedido para a enfermeira tomar cuidado. Ela se surpreendeu com a pergunta e pareceu ainda mais surpresa com a resposta que me deu: "Sim, pedi. E foi a primeira vez em trinta e cinco anos que fiz isso!". Por que alguém que sabe que tem veias sensíveis não pede que tomem cuidado ao coletar seu sangue?

Talvez a gratidão não explique tudo, mas me parece óbvio que alguém que passa a valorizar a própria vida cuide melhor de si mesmo.

Eu, na gravidez de João, em 2015, estava cuidando melhor de mim mesma: retomei as aulas de dança, comecei a praticar *deep-running* (corrida na água), dei-me o direito de fazer massagens e drenagens pelo menos duas vezes por semana, voltei a meditar com mais frequência, fiz um curso de formação em *mindfulness*, troquei de obstetra e comecei a fazer fisioterapia pélvica para me preparar para o parto com que tanto sonhava. Só que o tempo foi passando, as quarenta semanas de gestação chegaram, e nada de João nascer.

"Olha, talvez a gente tenha de induzir. Vamos fazer exame", disse a médica, que eu havia escolhido pela linha de parto normal. Fizemos os exames, estava tudo bem com João. "Agora, temos de repetir os exames a cada dois dias para acompanhar." Em um desses exames, a gente viu que João estava com o cordão umbilical enrolado no pescoço. O radiologista que fez a imagem disse que alguns médicos preferem fazer cesárea quando isso é detectado, mas minha médica disse que não era necessário.

De todo modo, o tempo estava se esgotando. Se ele não nascesse, teríamos que marcar a cirurgia. Com quarenta semanas e cinco dias, acordei cedo e fui ao Parque Ibirapuera, com o André, meu ex-marido. Ele ia correr, e eu ia meditar, só que, no caminho, comecei a chorar desesperadamente. Minha cabeça estava uma pilha. "Eu não vou conseguir de novo! Toda a preparação, tudo o que fiz durante nove meses foi em vão! Não acredito que vou passar de novo por cirurgia para ter um bebê. Não acredito que não vou saber o que é ter um parto normal!"

Eu carregava uma superfrustração de não ter sentido o processo de parto com Miguel – minhas contrações foram muito fracas. Pois é, eu quero sempre *the whole experience*, a experiência com tudo a que se tem direito, inclusive a dor. Para mim, a dor do parto era necessária para a experiência do parto.

No carro, André me acalmou e, quando chegamos ao parque, sentei-me sob uma árvore linda e coloquei a meditação *Bringing expectation to an end* [Acabando com a expectativa], do professor Rupert Spira, que trabalha com um método de autoinvestigação chamado caminho direto. Eu havia pedido uma lista de meditações para um professor de *mindfulness* que tive, Kalim Zappa, e essa meditação estava lá.

Logo no começo, entendi que o que eu aguardava já estava dentro de mim. Como eu podia esperar a chegada de João se ele já havia chegado? João estava ali, vivo, pulsando dentro de mim. Tive uma epifania, senti uma luz muito forte dentro da minha barriga, uma potência inexplicável – a pura potência da vida, que pulsa independentemente de nossa vontade. Aliás, se a gente abre mão do controle e se deixa pulsar junto, a gente encontra nossa alma, se reconecta com nossa natureza – com a natureza de TUDO. Naquele instante, eu me acalmei. Quando saímos do parque, fomos almoçar num restaurante ao qual havia muito tempo a gente queria ir. Comi um pargo delicioso e, na saída, vi uma borboleta amarela.

Passamos em uma loja e abri um livro que estava no balcão. Não lembro o título, mas nunca esqueci o poema:

> Anjo meu
> permita-me ser
> graciosa com você
> mais do que sempre fui
> desnude sua alma
> para termos uma existência

em conjunto
com menos mistério
plenos de amor e confiança
eis a base de nossa aliança.

Da loja, fui para a fisioterapia pélvica. No caminho, conversei com uma amiga, Bia Câmara, e contei minha história com borboletas amarelas, que, desde que minha mãe morrera, apareciam em minha vida em momentos importantes. Ela disse: "Ai, Mari, acredito em sinais, e o Antônio está aqui mamando com um macacão amarelo". Ouvi isso ao mesmo tempo que entregava o carro para um manobrista com o crachá: João!

Fazia mais de quatro meses que frequentava o prédio e nunca tinha visto aquele manobrista.

Contei para Mirca Ocanhas, minha doula, que tinha marcado para o dia seguinte uma sessão de acupuntura para induzir o parto. "Você não vai precisar", ela foi categórica.

Quando saí da sessão, mal conseguia andar. Parecia que estava rasgando tudo. Eram cinco da tarde e meu celular estava quase sem bateria. *Bom, se eu sentar no carro e a dor não passar, vou para o consultório da Mirca*, pensei. Mas a dor passou e o trânsito colaborou. Num dos raros semáforos fechados que peguei, vi a mensagem da Helô, uma grande amiga, com uma foto de João, filho dela: "De João pra João. Vem tranquilo, parceiro". Liguei para ela e fomos conversando no viva-voz até eu chegar em casa.

Miguel logo chegou da escola, e sentei-me para brincar com ele. A cólica estava mais forte e a dor na perna também. As contrações voltaram. Mais um alarme falso? Já tinha tido vários nos últimos dias, mas percebi que dessa vez a coisa toda ia começar. Liguei para André e para a médica.

Eu já tinha mandado mensagem para Mirca, que estava a caminho de um atendimento no Morumbi. André chegou. Fiquei mais calma.

Deu tempo de dar o jantar para Miguel, dar banho nele e colocá-lo para dormir.

Eu me ajeitei, as contrações aumentavam, e Mirca chegou. Enquanto ela fazia um ultrassom nas minhas costas, André se ajeitou. Eu só pensava que dessa vez não chegaríamos cedo demais ao hospital. Era tudo o que eu queria. Saímos de casa.

No carro, as contrações aumentaram muito por causa da posição. A santa Mirca foi fazendo massagem na minha lombar o tempo todo e dizendo: "Pelo trânsito, temos mais três contrações até lá. Vocaliza, vocaliza que ajuda". Cheguei à triagem gritando. A enfermeira parecia não ter pressa. Eram 22h20. Entre uma contração e outra, ainda deu tempo de cumprimentar uma conhecida no saguão do hospital.

Quando André subiu com as malas, fui com Mirca para a sala de pré-parto. O mesmo cenário da cesárea de Miguel. Ainda bem que, entre uma contração e outra, não dava tempo de pensar em nada. A médica chegou. Sete centímetros de dilatação.

Parecia o suficiente. Eu sabia que a dor dali para a frente não poderia ser muito pior. Lembrei da conversa que tive com Celine, outra doula: "Imagine que você está escalando um vulcão. Veja quanto já ficou para trás. Olhe quão pouco falta para chegar ao cume".

Sentei-me na bola de pilates com Mirca segurando meu tronco e me guiando pela escuridão da dor. A doutora Diana segurava o chuveirinho quente na minha lombar. A bola pressionando o meu períneo, que sentia cada vez mais pressão. A enfermeira Patrícia apareceu.

Há quanto tempo eu estava no banho? Há quanto tempo sentia aquela dor? Quanto dura uma contração? Nove meses?

"Eu quero anestesia. Anestesia, por favor." Quando ouviu isso, André me acalmou: "Mari, você está indo muito bem. Que orgulho de você. Você não quer anestesia". Eu tinha escrito no plano de parto que não queria analgesia e tinha instruído todo mundo a negar a anestesia quando eu pedisse. Pedi algumas vezes.

No novo exame de toque, dez centímetros, dilatação total. *João vinha descendo. Eu sentia. Doía.* A doutora Diana perguntou: "Quer ir para o centro cirúrgico?". "Precisa?" "Não." "Então vou ficar aqui." Colocaram a playlist que preparei para aquele momento. Não consegui ouvir as músicas, mas sei que me ajudaram.

Senti uma contração, uma força brutal e... tomei um susto com a bolsa estourando. Depois de me sentar na banqueta de parto, só consegui ter forças para dizer: "Vem, João".

André apoiando minhas costas. Mirca tirando fotos. A doutora Diana massageando e viabilizando a passagem.

"Vem, João."

Ele veio às 0h09.

"Obrigada, filho!" Não lembro quantas vezes disse isso enquanto o segurava pela primeira vez. Ao parir, veio à luz uma clareza sobre a gestação: quando uma mulher se permite ser fertilizada, ela permite que a mudança – uma novidade, uma nova vida – venha ao mundo através de seu corpo.

Somos berço de mudança, útero do novo, gestantes da transformação do mundo; especialmente do nosso mundo, pois nos transformamos de dentro para fora.

E eu daria tudo para viver aquela dor de novo! A dor do nascimento. A dor do renascimento. *Eu (re)nasci no parto de João!* Sem cortes, com a melhor dor que já senti me trazendo a confiança de que não havia outro lugar para estar. Não havia outra Mari para ser. Eu estava lá. Eu era eu naquele momento. Eu simplesmente fui completa ali.

Jornada de exploressência

Parte 9

Aprendi com meu amigo monge Satyanatha que, no budismo, os budas, ou os iluminados, são chamados de *tathãgata* – palavra do idioma páli que quer dizer algo como "aquele que está indo, mas já chegou".

Os iluminados sabem que não precisam chegar a algum lugar. Eles seguem o caminho, mas já chegaram, estão sempre no presente. Para ficarmos mais presentes, deixo uma tradução livre da meditação *Bringing expectation to an end*, citada no início deste capítulo.

Acabando com a expectativa. Libere qualquer sentimento de expectativa.

Deixe ir embora a sensação de que alguma coisa vai acontecer e completar você, finalmente o deixando feliz. Deixe ir embora a sensação de que algo colocará fim ao sentimento de desconforto, de falta ou de doença.

O que estamos esperando obviamente não está presente agora. Entretanto, nossas expectativas nos carregam para longe da experiência; nossas expectativas nos levam para longe do agora. Elas nos carregam para um futuro imaginário. E a gente espera nesse futuro receber algum objeto, palavras, recompensas, reconhecimento, algum sinal, qualquer coisa que finalmente nos leve a um lugar de completude e paz.

Qualquer que seja esse algo que nos será dado, em algum momento poderá ser tirado de nós. Então, nunca será fonte de satisfação plena, nunca será fonte de paz e completude.

Se há alguma expectativa em nós, ela traz a crença de que a iluminação é um estado da mente que pode ser conquistado ou atingido. O que é tradicionalmente conhecido como iluminação não tem nada a ver com um estado da mente. Não tem nada a ver com algo que não está presente agora e daqui a pouco estará presente. O que tradicionalmente é chamado de iluminação é a revelação de que a natureza da mente, da consciência, sempre esteve e sempre estará presente.

Ao imaginar que a iluminação é algo futuro, negamos que ela já está presente.

Ao viver em expectativa, negamos o que estamos esperando. E, se estamos esperando algo, quando ele chegar já não será o que estamos esperando, porque no momento em que chegar já não estaremos mais esperando por aquilo.

Quando sentir um senso de expectativa, pergunte à sua mente: o que de fato estou esperando? Se sua mente for honesta, vai dizer que espera algum objeto ou algum estado. Então, diga para sua mente que qualquer estado da mente ou qualquer objeto vai desaparecer em breve e nunca poderá ser a fonte de uma paz duradoura.

A natureza imutável e essencial da mente, ou da consciência, nunca será alcançada se houver expectativa. E nunca estará em um objeto ou em estados mentais específicos.

A natureza imutável da mente dorme na fonte da expectativa. Qualquer expectativa nasce dessa mesma natureza imutável, mas não pode ir ao encontro dela. Então, se notar alguma expectativa na mente, não a tente disciplinar nem brecar ou conter. Apenas mantenha-a diante de um espelho com esses ensinamentos. Coloque o espelho em frente às suas expectativas e veja o que acontece com elas. Deixe suas expectativas descansarem nesse ensinamento.

Se entendermos o que acabou de ser dito, podemos perguntar por que a mente ainda reluta em descansar na fonte. E a resposta é que, para além da carne do pensamento, há um impulso pré-racional, um impulso emocional para fugir da experiência corrente – um impulso de ir ao passado ou ao futuro. Esse impulso é nossa resistência de estar simplesmente aqui e agora.

Não há outro lugar para ir. Não há outro para ser. Estou aqui. Este sou. Sou eu, aqui.

O eu separado ativamente busca resistir. Ensaiamos e praticamos essa atividade de resistência por tanto tempo que ela acabou virando nosso estado normal.

Traga esse ensinamento não só para seus pensamentos sobre expectativa, mas também para seus impulsos, aquilo que as emoções incentivam em você. Traga esses ensinamentos para que o ajudem a não colocar mais combustível no fogo das emoções, para que possa apenas deixá-las fluir como um rio livre que passa por você e deságua no mar, onde você já não mais consegue diferenciá-las da consciência que tudo abarca.

Com esse ensinamento, permita que todo o mecanismo da criação de expectativa seja exposto; não o tente modificar, apenas o mantenha de frente para o espelho da compreensão.

O que poderia ser esperado, desejado, buscado, nunca poderá ser aquilo que no fundo buscamos. Deixe que sua expectativa, que sua busca, que seus desejos calmamente cheguem ao fim com esse ensinamento.

Apenas fique presente. Deixe passar. Deixe fluir. Mantenha-se consciente. Estar consciente é sua natureza essencial, indivisível, indestrutível, imutável. E você sempre pode acessá-la porque ela sempre esteve e sempre estará aí.

TATHĀGATA, VOCÊ ESTÁ INDO, MAS JÁ CHEGOU.

Seja bem-vindo à natureza de sua consciência.

10

Meditação, a transformação de dentro para fora

Uma nova conexão com uma velha ferramenta

Foi logo depois do parto de João que percebi que sempre havia usado a meditação para transformar o lado de fora: as tais metas que, se alcançadas, eu julgava que me trariam felicidade. Mas a gravidez e o parto foram a gestação da mudança dentro de mim.

Comecei a estudar sobre meditação, algo que não havia feito até então, e meu pai foi fundamental nesse processo. Professor de pós-graduação em negócios, na época ele dava aulas na Fundação Getulio Vargas, a FGV, e me disse que em uma das turmas havia uma moça que eu devia conhecer: Elisa Kozasa. Ela trabalhava no Instituto do Cérebro do Hospital Albert Einstein, e nós duas marcamos um café. A pesquisadora de voz calma e olhos serenos, praticante de artes marciais e meditação havia muitos anos, deu-me uma aula sobre pesquisadores consagrados das práticas meditativas.

Elisa me contou de seus retiros com Alan Wallace (escritor norte-americano, professor de meditação e um dos maiores especialistas ocidentais em budismo tibetano) e Paul Ekman (psicólogo norte-americano pioneiro no estudo de emoções e expressões faciais), do contato com Richard Davidson (professor de psicologia, fundador e diretor do Centro de Mentes Saudáveis da Universidade de Wisconsin, nos Estados Unidos), de Jon Kabat-Zinn (professor emérito de medicina da Clínica de Redução do Estresse do Instituto de Tecnologia de Massachusetts) e também de seus trabalhos na Tibet House (centro de patrimônio cultural e espiritual tibetano), em São Paulo, onde ajuda a divulgar os ensinamentos de Dalai Lama sobre compaixão, altruísmo, não violência e paz interior. A pesquisadora ainda me falou quais eram as pessoas no Brasil que realmente tinham credibilidade para falar sobre meditação.

Li uma dezena de livros e assisti a centenas de vídeos para descobrir o que a ciência já havia comprovado que a meditação era capaz de fazer pela saúde física, mental, emocional e espiritual. Estudos já mostravam, por exemplo, que, se uma vacina como a da gripe for aplicada em dois grupos de pessoas – um de meditadoras e outro de não meditadoras –, o primeiro grupo desenvolve mais anticorpos. Outras pesquisas revelaram que a meditação ajuda a controlar a ansiedade e o estresse, aumenta o foco e a capacidade de concentração e é capaz de reduzir a pressão arterial.

Isso sem falar na eficácia da prática para atenuar uma recaída na depressão. Só que "os impactos mais interessantes da meditação não são a saúde melhorada ou um desempenho mais efetivo no trabalho, mas um alcance maior no aperfeiçoamento da nossa natureza... O caminho profundo cultiva qualidades duradouras como abnegação, serenidade, presença terna e compaixão imparcial". Esse trecho está no livro *A ciência da meditação*, de Richard Davidson em parceria com Daniel Goleman, psicólogo e autor de *Inteligência emocional*.

Enquanto eu estudava, muitas fases da minha saúde – e da minha própria vida – se explicavam para mim. Eu usava aquela ferramenta poderosa desde os 12 anos e agora, que trabalhava em um programa sobre qualidade de vida, visto por milhões de pessoas, tinha a oportunidade de mostrar e oferecer aquela ferramenta para muita gente!

Foi no período em que fiquei em casa cuidando de João que ganhei da editora Sextante o livro *A maior de todas as mágicas*, de James Doty. O autor conta como aprendeu a meditar com a dona de uma loja de mágicas chamada Ruth. Ele queria ser reconhecido, ter fama, dinheiro e sucesso e durante muito tempo usou a meditação para ajudá-lo a conquistar tudo isso.

Era um menino sem muitas condições financeiras que acabou se tornando neurocirurgião. Para apagar as cenas difíceis que presenciava no hospital, Doty bebia, cheirava cocaína e frequentava casas de *striptease*. Numa noite, sofreu um acidente de carro e teve uma experiência de quase morte (EQM):

> Talvez o que experimentamos nas EQMs sejam os maiores anseios do coração: sermos amados incondicionalmente; sermos bem-vindos; sentirmos o calor do lar e da família; fazermos parte de algo. Não sei o que aconteceu comigo depois daquele acidente de carro, quando minha pressão sanguínea caiu de maneira vertiginosa; acabei percebendo que não tinha importância. Eu não precisava solucionar nem explicar aquela vivência. Talvez eu tenha morrido. Talvez não. Simplesmente não sei. O que sei com certeza é que morri muitas vezes nesta vida. Como menino perdido e sem esperança, morri numa loja de mágicas. O jovem que tinha vergonha e pavor do pai, aquele que o esmurrou e ficou com o sangue dele nas mãos, morreu no dia em que partiu para a universidade. E, embora eu não soubesse na ocasião do acidente, o neurocirurgião egoísta e

arrogante em que me transformaria também acabaria sofrendo a sua morte. Podemos morrer mil vezes nesta vida, e essa é uma das maiores dádivas de estarmos vivos. Naquela noite, o que morreu em mim foi a crença em que a mágica de Ruth me tornara invencível e a convicção de que eu estava sozinho no mundo. Naquela hora, senti o calor de uma luz e um sentimento de integração com o universo.

Sem dar muito *spoiler*, o que posso dizer é que Doty acabou fundando o Centro de Pesquisas e Educação em Compaixão e Altruísmo na Faculdade de Medicina da Universidade Stanford, nos Estados Unidos. Mais que conquistar fortuna, decidiu compartilhar a riqueza de seus aprendizados com o mundo. O livro me inspirou tanto que cheguei a mandar um e-mail para compartilhar o quanto estava impactada.

Quando voltei da licença-maternidade de João, fiz uma série de reportagens sobre meditação. Foram sete programas inteiros sobre o tema. Na época, a Globo tinha lançado o *slogan* "A gente se liga em você". A série se chamava: "Meditação: se liga em você!". Era um chamado para as pessoas se desconectarem um pouco das distrações, dos ruídos externos e exagerados do dia a dia, e se conectarem com elas mesmas.

Tive a oportunidade de entrevistar muita gente, inclusive alguns nomes que Elisa citara, como Jon Kabat-Zinn, que popularizou o *mindfulness* no mundo, e Richard Davidson, amigo pessoal de Dalai Lama, um dos maiores pesquisadores sobre os benefícios das práticas meditativas e fundador do Centro de Mentes Saudáveis da Universidade de Wisconsin, nos Estados Unidos.

A série foi uma grande realização pessoal – foi quando comecei a perceber que se algo fazia sentido para mim, podia fazer sentido para as outras pessoas. Recebi centenas de mensagens de agradecimento pelas reportagens e também fiquei extremamente grata:

minhas verdades podiam ser ditas e reverberavam em outros corações! Que descoberta!

Logo depois, outra experiência vivida na Globo, dentro da casa do Big Brother Brasil, me deixou muito feliz. A Globo estava organizando um *hackathon*, uma maratona de tecnologia em que programadores se juntam para resolver um problema. Um grupo de jovens passaria três dias na casa para criar produtos e soluções tecnológicas para programas da emissora. Eu pensei: *Que máximo! Estamos precisando atrair o público jovem para o Bem Estar, por que não fazemos uma reportagem no* hackathon?

Mas o que uma maratona de programadores que passam noites sem dormir, alimentando-se de forma não saudável e tomando energético para dar conta das tarefas tem a ver com bem-estar e saúde? *Já sei, a gente vai mostrar para eles o poder da pausa: vamos levar um monge para a casa e fazer todo mundo meditar. Enquanto isso, a gente pode combinar com um neurocientista para que ele meça os efeitos desse momento de pausa no cérebro dos participantes.* Mas eu ainda precisava convencer o pessoal que estava organizando tudo.

No fim, levamos o monge, os jovens meditaram, os batimentos cardíacos depois da pausa diminuíram e a organização do evento ficou superfeliz, porque nas edições anteriores alguns jovens tiveram que ser atendidos por profissionais de saúde por estresse. Na edição da qual o Bem Estar participou, ninguém passou mal. Aquilo para mim foi mais uma prova de que o que era importante para mim podia ter valor para os outros.

Nessa época eu já idealizava o que mais tarde seria a Soul.Me – empresa que fundei antes de pedir demissão da Globo. Nas horas de folga da TV, eu já estava trabalhando na Soul.Me e percebia que, quando saía do trabalho, o que ficava reverberando, as ideias que martelavam em minha mente, era o trabalho que eu sonhava em fazer, não o que eu estava fazendo.

Eu estranhava não pensar mais no Bem Estar, porque, mesmo em feriados, férias e nas licenças-maternidade, eu colecionava ideias de pautas a abordar no programa. Mas a Globo estava sumindo de meus pensamentos. É por isso que, às vezes, quando me perguntam por que saí da Globo, eu respondo: "Foi a Globo que saiu de mim".

Eu estava lendo *Se a vida é um jogo, aqui estão as regras*, livro de autoajuda que se propõe a levar você a alcançar tudo o que sempre quis. Nele encontrei uma frase de efeito: "Você nunca sairá de onde está se não decidir onde preferiria estar". Na semana seguinte, durante uma reunião de pauta do Bem Estar, Patricia Carvalho, a diretora, perguntou se alguém tinha ideia para um novo *reality*. Eu disse: "Eu tenho. Quero aprender a surfar!".

Meses depois de *Entre nessa onda* estrear, eu estava caminhando no Parque Ibirapuera quando um rapaz me parou e disse: "Depois de ver você surfando, decidi começar a me mexer e já perdi vinte quilos". Eu perguntei: "Mas o que o motivou?". Ele respondeu: "Você dizer que nunca é tarde para aprender algo novo, para fazer diferente".

Eu tinha consciência de que era uma exposição muito grande: eu me despia, colocava traje de banho, mostrava meu corpo, até então coberto com roupas de jornalista, para fazer algo que eu não sabia fazer. Mas aquela exposição vinha de um lugar alinhado com minha essência, com aquilo que eu sentia que era importante para mim.

Logo viria um convite com o qual eu sonhava havia muito tempo: participar do quadro Dança dos Famosos. Sempre amei dançar, fiz aulas de dança desde muito nova. Como contei, na época em que minha mãe faleceu, eu, ela, meu pai e meu irmão frequentávamos a academia de dança de salão do Jaime Arôxa, em São Paulo, pelo menos cinco vezes por semana. Minha mãe era apaixonada por tango. Depois da sua morte, dançar aumentava demais minha tristeza.

Quando o diretor do quadro do Faustão me ligou, quase vinte anos depois, senti que poderia ser uma forma de homenageá-la, de resgatar minha paixão pela dança. E tive a certeza: era só isso que faltava para eu finalmente sair da Globo!

Jornada de exploressência

Parte 10

Se você fosse começar algo novo agora, o que seria?

....
....
....
....

No livro *A maior de todas as mágicas*, James Doty descreve as anotações que fez sobre as aulas de meditação que teve com a dona de uma loja: "Relaxar o corpo. Domar a mente. Abrir o coração. Esclarecer a intenção".
Tente relaxar por alguns instantes e acalmar os pensamentos focando a atenção apenas em sua respiração. Quando perceber que seus pensamentos estão mais espaçados, convide sua atenção a mergulhar em seu coração. Talvez neste momento você queira perguntar a ele: há alguma intenção que quer que eu enxergue? Se puder, escreva aqui a intenção de seu coração.

....
....
....

Você já tentou meditar? Quero deixar a sugestão de procurar minhas meditações gravadas no Insight Timer, o aplicativo de meditação que mais uso. Lá você pode acessar gratuitamente o perfil Soul.Me by Mariana Ferrão.

Aponte a câmera do seu celular ou utilize a URL https://insighttimer.com/soulme para acessar.

11

Lutos

A vida em cada morte que vivi

Como alguém poderia dar tudo para sentir dor de novo? Pode parecer estranho, mas as maiores dores que a gente tem na vida são sempre uma grande oportunidade de renascimento. Já falamos um pouco disso em capítulos anteriores, né? A dor inquieta, incomoda, remexe, pede mudança.

Há muito tempo não tomo remédios porque não quero mascarar as dores. Aprendi a respeitá-las e ouvi-las. Às vezes, passo o dia com enxaqueca só para tentar entender o que de fato está latejando dentro de mim. Talvez eu tenha desenvolvido essa resiliência por causa dos tantos lutos que vivi – dores das quais daríamos tudo para fugir, mas não nos deixam correr para lugar algum.

Em abril de 2019, fiz um curso muito interessante de finanças para mulheres, que juntava educação financeira com autoconhecimento. Em uma das aulas, a professora sugeriu o seguinte exercício, baseado na antroposofia: "Vocês vão dividir a vida de sete em sete anos desde o momento em que nasceram até o ano em que acham que vão morrer. Depois, vão escrever em cada um desses septênios os acontecimentos mais marcantes".

Como quero viver até os 107 anos, demorei para terminar a tarefa. Quando finalmente comecei a ler o que tinha acontecido em meus septênios até ali, levei um susto ao perceber que, com exceção do primeiro, em todos os outros eu havia vivido uma morte importante.

Vovó Nininha e o mistério incognoscível

Eu já disse que a vovó Nininha foi meu grande amor da infância. Ela se deitava no chão, dava cambalhota para brincar, tinha o dom de adivinhar desejos e, mais que isso, tinha o dom de fazer com que eu me sentisse amada. Foi ela, sem dúvida, que me ensinou o que é o amor incondicional.

Quando eu tinha 12 anos, a Juma, uma Cocker Spaniel meiga que havia chegado à minha casa na transição da infância para a adolescência, fazia xixi no banheiro que eu dividia com o meu irmão; por isso, lá sempre havia jornal no chão. Um dia, entrei no banheiro, bati o olho no jornal e vi, na capa, a vovó Nininha morta. A imagem borrada de sangue revelava uma explosão no cérebro.

Ela não tinha morrido. Nada havia acontecido com a vovó Nininha, mas eu a vi morta naquele jornal no chão e, daquele dia em diante, aquela imagem ficou na minha cabeça: para onde quer que eu olhasse, antes via vovó Nininha morta. Não tive coragem de contar a ninguém. Não tinha coragem nem de dizer a mim mesma que eu estava vivendo aquilo: a visão de um filtro tenebroso que implodiria meu mundo caso se concretizasse. E se eu contasse, quem iria acreditar?

Dois meses depois, um AVC hemorrágico explodiu o cérebro da vovó Nininha. Quando ela morreu, o filtro tenebroso subitamente sumiu da minha cabeça. A concretude da morte apagou a minha visão do horror, mas não acabou com a solidão que eu experimentava por não me sentir confortável para dividir aquele mistério.

No enterro, ao lado do caixão, senti vontade de ir junto para onde quer que ela fosse, pois sem ela o mundo aqui parecia não mais fazer sentido. Mas comecei a fazer carinho em seus dedos de pele suave e fria, até que finalmente segurei firme a sua mão e prometi a ela: "Vó, eu vou ficar! Vou viver para um dia ser uma avó tão legal quanto você!".

Ainda não sou avó, mas o curso da vida me permitiu encontrar pessoas com as quais posso falar sobre os mistérios da morte e, com isso, acarinhar a solidão deixada pela vovó Nininha em minha vida.

Minha mãe: da leveza da borboleta à intensidade do tempo compartilhado

Em 1999, eu fazia faculdade de jornalismo de manhã e à tarde cursava comunicações e artes do corpo. No intervalo, ia até o Theatro Municipal praticar balé. No dia 13 de abril, no ônibus, quando voltava do centro para almoçar na faculdade, um sussurro invadiu minha mente: "Preciso falar com minha mãe". Quando cheguei, o orelhão do refeitório tinha uma fila imensa e desisti.

Já era noite quando cheguei em casa e, do elevador, ouvi o telefone tocar: era do consultório da minha mãe.

— Por favor, posso falar com um adulto?
— Pode falar, eu tenho 20 anos.
— Não, eu quero falar com um adulto.
— O que aconteceu com minha mãe?

— Sua mãe passou mal, teve uma convulsão, está melhorando, descansando aqui na sala.

— Tô indo.

Avisei meu pai e nos encontramos na porta do consultório alguns minutos depois. Lá estava ela, sentada na sala de espera, segurando alguns livros, miúda e assustada. Nos olhou, disse que ia buscar um agasalho. Quando saiu, começamos a descer as escadas: meu pai na frente, ela no meio e eu atrás.

— Cadê a Mari? — ela perguntou.

— Estou aqui, mãe.

— Então, vamos — disse, com a voz enfraquecida.

Foram as últimas palavras que ouvi da boca dela. Dentro do carro, ela teve mais uma convulsão e chegou em coma ao hospital: outro AVC hemorrágico.

A relação que eu tinha com a minha mãe era de melhor amiga. Ela me contava coisas que uma mãe normalmente não conta para uma filha: as primeiras transas, a primeira vez que ela experimentou maconha, coisas sobre o relacionamento dela com meu pai. Isso era bom e ruim. Ela supunha que eu tinha maturidade para ouvir tudo aquilo.

Minha mãe ficou exatamente um mês em coma antes de morrer. Um dia, no hospital, meu pai saiu da UTI para tomar um ar, mas voltou minutos depois, extremamente emocionado:

— Sua mãe me deu um beijo!

— Como assim, pai? Minha mãe está aqui...

— Uma borboleta amarela pousou no meu ombro e eu senti: foi o beijo da sua mãe! — explicou, com lágrimas nos olhos.

Borboletas amarelas me acompanharam em muitos momentos de dor naquele mês de coma. E outras ainda me acompanhariam e seguem me acompanhando em tantos outros momentos da vida. No dia do enterro, quando o caixão estava descendo, eu olhei para cima tentando engolir as lágrimas e meus olhos acabaram pousando em uma borboleta amarela. Foi como se aquele bater de asas me dissesse: "Ainda bem que a gente aproveitou o tempo da forma da melhor forma possível".

Ali entendi por que a minha relação com minha mãe foi tão intensa, por que eu soube tanto dela em tão pouco tempo. A gente tinha pouco tempo! O maior legado que minha mãe me deixou foi se mostrar humana. Não esconder seus defeitos, suas vulnerabilidades, suas fragilidades.

Quando viajei sozinha pela primeira vez sem meus filhos, fui me despedir morrendo de medo de acontecer alguma coisa comigo e não os ver nunca mais – esses medos que quase toda mãe tem. Miguel estava dormindo, mas, mesmo assim, eu queria dizer algo. Pensei em minha mãe e a frase que acabou saindo foi: "Se você sentir saudades, filho, me procura dentro de você". Foi então que entendi: quem vai embora continua dentro da gente.

Princesita, Tito e a dor de um luto não autorizado

Em 2004, perdi meu *abuelito* Tito, um mexicano carinhoso como poucas pessoas que conheci. Ele me chamava de *princesita*. Quando entreguei a ele o convite do meu primeiro casamento, ele disse: "*Vamos bailar una valsa*". Lembro-me de ter sentido que não seria possível, mas não dei bola. Na época, eu tinha deixado de olhar para meus mistérios, tinha começado a me distanciar de mim.

O Jornal da Band estreou numa segunda-feira. Meu avô Tito morreu na terça. Liguei para o chefe de redação para saber se podia ir ao velório e ao enterro, e ele me disse que era melhor não, era o segundo dia do jornal. Foi uma agressão tão grande não poder estar perto da minha família naquele momento, ter que trabalhar num dia como aquele, que trabalhei sem chorar. Neguei que estava sofrendo porque o sofrimento de não poder sofrer era maior que o próprio sofrimento em si.

Por causa do trabalho, aquele foi um luto que eu quase não vivi e que ficou mal resolvido, que custou a ir embora. Não chorar a morte não a torna menos dolorida. É quase como demarcar dentro de si um território proibido, uma zona de perigo que nem você se arrisca a adentrar. E, se eu já não estava tão conectada comigo mesma, isso só me distanciou ainda mais de mim. Não chorar uma morte é fechar os olhos para o que está vivo do lado de dentro.

Vovô Laertes: a morte não resolve as pendências da vida

No fim de 2010, na mesma semana em que a direção da Globo me convidou para apresentar o Bem Estar, meu avô Laertes, pai da minha mãe, foi internado. Vovô me ensinou a gostar de bicho, de arte e de gente. Tinha uma elegância nata e uma inteligência ímpar e era um grande pesquisador. Foi, durante vinte anos, presidente da Sociedade Brasileira de Psicanálise. Era bom negociante e ao longo da vida comprou não apenas obras de arte, mas também terras no interior de São Paulo.

Até hoje a herança está toda enrolada, bloqueada por desentendimentos familiares. A morte que se estende num rolo de inventário pode matar o que ainda vive: relações entre irmãos, filhos, primos, tios etc. A morte do meu avô me ensinou que a gente precisa aprender a morrer. Se você não deixar resolvido, a morte não resolverá nada para você.

Abuelita: amor e coragem para honrar o passado e libertar o futuro

Em março de 2019, enquanto planejava minha saída da Globo, pensava muito em minha avó Lucerito, mãe do meu pai. Ela já tinha 96 anos, estava com câncer de mama, mas me assistia todos os dias no Bem Estar. Eu sabia que ela ficaria muito triste por não ter mais minha companhia de manhã e me sentia culpada por deixá-la ainda mais sozinha.

Uma semana antes de comunicar minha demissão ao diretor-geral, fiz uma aula de dança com minha professora Claudia de Souza. Ela colocou a música "Carcará", cantada por Maria Bethânia, e disse: "Agora, dança para esse urubu". Dancei como poucas vezes havia dançado, fui tomada por uma energia de impulso, entrega e alívio. Quando a música acabou, Claudia instruiu: "Agora deita, se conecta com sua respiração e fica aí o tempo que for necessário".

O que aconteceu foi uma meditação profunda em que senti que paria a minha avó: no mesmo instante, convenci-me de que realmente deveria sair da Globo para seguir meu caminho. Ali, no chão da aula de dança, decidi que sairia da Globo também para honrar a história de minha *abuelita*, que abandonou a faculdade para se casar, que deixou o país de origem para acompanhar o marido que fugira para o Brasil. Uma mulher que sentia falta de suas amigas e de ter uma vida para além da família. Uma mulher como tantas outras!

A imagem de parir a minha avó foi um grande recado: se eu seguisse o caminho do meu coração, honraria minha ancestralidade e permitiria que as próximas mulheres da família, as futuras gerações, desbravassem a mesma trilha com uma mata já não tão fechada.

Eu sabia que havia muita gente que achava que eu deveria ficar na emissora. Que achava que eu tinha tudo porque estava lá. E outro tanto de gente queria a minha posição na Globo. Mas e o meu sonho? Meu sonho não era ficar. Então, decidi. Vislumbrei meu próximo movimento.

Naquela meditação, também entendi que não é preciso morrer para deixar morrer o que em nós já está morto e que, quando a gente se liberta para viver nossos lutos, por um emprego ou uma relação, abrimos caminho não apenas para o novo, mas para que nossos descendentes tenham a mesma coragem de seguir as próprias jornadas.

Minha *abuelita* morreu uma semana depois disso, horas depois de eu pedir demissão. Ela não tinha dinheiro guardado, mas deixou três filhos que se revezavam a cada fim de semana para cuidar dela. Deixou também onze netos que hoje moram em países diferentes, sonhando com o dia em que vão se reunir como já fizeram algumas vezes.

Na memória dos netos, deixou os almoços de sábado. Na casa da *abuelita* todos eram especiais. Deixou ainda uma coleção de corujas, fotos de todos os netos e filhos na parede do quarto e um chão em que sempre se podia fazer bagunça e brincar.

Na minha memória, imprimiu para sempre a pele de vó, com a temperatura que corpo nenhum esquece e a certeza de que o que vale na vida, a morte não leva.

Quando estava escrevendo sobre meus lutos, meu filho caçula fez um desenho com seguinte título: "Coisas que deveríamos poder guardar". Na folha, seis retângulos pintados com cores fortes e traços delicados. Depois que os coloriu, pediu que eu escrevesse embaixo de cada um deles as "tais coisas que deveríamos poder guardar": pôr do sol, olhares, sonhos, risadas, o som das ondas do mar e o cheiro de quem amamos.

A morte, para mim, é uma lanterna com foco naquilo que vale a pena guardar da vida!

Jornada de exploressência

Parte 11

Sugiro que você experimente o exercício que fiz em abril de 2019, durante o curso de finanças para mulheres com Bel Clemente. Pegue uma cartolina, faça quadradinhos e divida a vida de sete em sete anos.

Em cada um dos quadrados, escreva cinco acontecimentos marcantes daquele período. Escreva também o que você quer que aconteça nos próximos anos até o dia em que você acha que vai morrer (eu sei, pode parecer estranho, mas é um exercício libertador). Quando terminar, leia e veja se encontra padrões.

....
....
....
....

Você já perdeu alguém querido? Que lição de vida essa pessoa lhe deixou?

....
....
....
....

12

Couraças, carcaças e pele

Por que às vezes nos defendemos do que mais amamos?

No primeiro ano da faculdade de jornalismo, fui fazer trabalho na casa de uma amiga, Ivy. Enquanto estávamos lá, ela pediu licença para falar ao telefone. Disse que era uma amiga que estava precisando muito de atenção porque os pais tinham morrido havia pouco tempo em um acidente de trânsito.

Perguntei quantos anos a menina tinha, e ela me disse: nossa idade. Lembro-me de na hora ter pensado: *Nossa, ela deve ser especial, porque Deus jamais escolheria alguém para perder pai e mãe se essa pessoa não conseguisse suportar.* Na época eu não era religiosa – aliás, nunca fui –, mas o pensamento me invadiu como uma pequena tentativa de me proteger de uma ameaça terrível. Se não sou especial, minha mãe e meu pai não vão morrer, simples assim. Como eu não me sentia especial, estava protegida.

Um ano depois, quando minha mãe entrou em coma no hospital, lembrei-me da cena na casa de Ivy. Automaticamente me dei conta de que a morte podia acontecer com qualquer um. O tempo todo, a qualquer momento, a cada minuto.

Nada na vida me tornava mais especial para suportar aquela dor. Nada na vida havia me preparado para perder minha mãe. Nada na vida havia me preparado para suportar a dor da perda da minha avó Nininha. E nada na vida me preparou para os outros lutos que vivi. Não acredito que alguém possa se preparar para a morte.

Já ouvi histórias de gente que diz que as mortes que vão acontecendo aos poucos, com um tempo de despedida estendido, ficam, de alguma maneira, mais suaves. Mas também já ouvi histórias de quem passou anos cuidando de entes queridos e que, por isso, foi morrendo junto, perdendo um pouco de vida a cada inalar e expirar da pessoa que estava indo embora.

Outro dia Miguel me acordou à noite depois de um pesadelo: "Mamãe, sonhei com um homem que tirava vidas. Ele estava aqui, do nosso lado". No dia seguinte, perguntei a ele: "Mig, você sonhou com a morte?". "Sonhei, mamãe, mas ela estava viva."

A morte está viva, quer a gente se dê conta, quer não.

Eu só me dei conta da morte quando vivenciei a perda de pessoas queridas. E, para lidar com as perdas, sinto que criei uma camada de proteção. Medo de me relacionar. Grande dificuldade de entregar-me ao amor.

Por que entregar-se ao amor se, a qualquer instante, algo inexorável, implacável, imbatível pode roubá-lo?

Sim, a morte fez nascer dentro de mim muitos ensinamentos, como os que mencionei no capítulo anterior, mas também sinto que me deixou com tanto receio que acabo me defendendo das pessoas que mais amo.

Quando minha mãe estava no hospital, meu avô, o pai dela, me abraçou e disse: "A vida já me deu muita porrada. Eu desenvolvi uma casca de jacaré bem grossa para não as sentir com tanta força, mas nenhuma carcaça pode me proteger dessa dor".

Sinto que, sem perceber, também fui criando pele de jacaré ao longo do tempo. Uma couraça que faz quem está do lado de fora me achar forte. Faz muita gente pensar que Mariana Ferrão não tem problemas, que não chora, que dá conta, que não precisa de ajuda – era o que minha amiga Sabrina achava até me ver desabar no choro no meio do recreio.

Wagner, meu professor de *tai chi*, também perdeu a mãe. Um dia ele me contou o seguinte: "Quando ela morreu, o atleta dentro de mim ficou muito mais forte. Eu competia com todo mundo, no trabalho, em tudo o que fazia, e conseguia realizações extraordinárias. Mas, quando as realizava, estava sozinho. Não tinha por perto as pessoas com que eu realmente queria dividir a sensação da conquista. Para tê-las por perto, precisei aprender a parar de competir".

Estou cansada de competir. Estou cansada de parecer forte. Estou cansada de sustentar essas camadas. Mas, ao mesmo tempo, pergunto-me: como deixar morrer uma carcaça que não criei conscientemente? Ela foi surgindo, tomando-me, cercando-me numa grande redoma de solidão.

Outro dia, compartilhei em um grupo de amigos algo difícil que havia acontecido comigo e, quando um deles perguntou como eu estava, respondi: "Precisando de colo". Uma semana depois, conversei novamente com uma das pessoas que estava nessa roda; ela me disse: "Mari, que impressionante. Você disse com todas as palavras que estava precisando de colo e eu não acreditei".

Sei que não é um problema das pessoas; é um bloqueio meu. Uma grande dificuldade que se manifesta aqui dentro como uma imensa incongruência: às vezes o que mais quero é o que mais tenho dificuldade de pedir. Então, quando finalmente consigo pedir, sinto-me uma ventríloqua de mim mesma – parece que outra voz me toma e fala por mim, que meu corpo, minha expressão fácil e meus gestos não acompanham o pedido. A mensagem chega torta, incompleta, parece incoerente e, muitas vezes, incompreensível. Mas estou tentando. Seguirei tentando. O que mais quero é descamar camada a camada a couraça que tenta me proteger, mas me isola. Quero voltar a ser permeável.

Tenho psoríase, uma doença autoimune, inflamatória e não contagiosa que deixa a pele avermelhada, coçando, dolorida e sensível. Muitas vezes, apenas de o pente esbarrar no meu colo, as feridas se manifestam. A psoríase piora no outono. A maior crise que tive foi logo depois que Miguel nasceu. As feridas tomaram boa parte da área entre meus seios, dificultando ainda mais a amamentação. Foi difícil cicatrizar. Quando a unha fininha do Mig tocava minha pele tentando segurar meu peito para sugar mais, elas reabriam.

Sim, o amor pode doer. O amor pode doer na pele, pode nos deixar em carne viva. Foi assim que me senti muitas vezes e ainda me sinto quando estou com medo de me entregar ao amor. Sei que, por causa desse medo, já feri muitas pessoas que me amaram. Peço perdão. E sigo tentando.

Jornada de exploressência

Parte 12

Escreva o nome de três pessoas para quem você poderia ligar agora e pedir colo. Se esses nomes vêm rapidamente à sua cabeça, sugiro que mande agora mesmo a cada uma delas uma mensagem de agradecimento. Pode escrever algo do tipo: "Quero muito agradecer porque percebi que seu colo está sempre disponível para mim, e isso é um baita privilégio".

....
....
....
....

Se você não tem dificuldade de pedir colo, escreva aqui uma mensagem de agradecimento a si mesmo, reconhecendo que essa capacidade é preciosa e protetora.

....
....
....
....

Se tem dificuldade, assim como eu, gostaria de sugerir que, antes de mais nada, você dê colo a si mesmo. Vá até o sofá ou até a cama, deite-se e faça cafuné em sua cabeça. Tente ficar assim por pelo menos cinco minutos. Deixe-se ficar com você. Ofereça sua presença como um presente a si mesmo.

13

A solidão de competir
Não ser treinada para cooperar

Tento buscar na memória exemplos de cooperação durante minha infância e não encontro muitos. Nas reuniões de família na casa de minha avó paterna, todos os sábados, cada um levava um prato: minha mãe em geral fazia a salada, minha tia Luly preparava algo típico mexicano, tia Cris era responsável pelo doce e, na hora de lavar a louça, havia sempre um rodízio na cozinha. Eu adorava ficar por perto e ouvir as conversas.

Mas em casa era um pouco diferente. Na geração dos meus pais, era incomum homens dividirem as tarefas domésticas com mulheres – e meu pai não fugia à regra. Os papéis eram bem definidos: meu pai trabalhava mais, ganhava mais, ficava menos em casa. Minha mãe trabalhava menos, ganhava menos e cuidava de praticamente tudo o que dizia respeito à casa e à nossa criação: de comprar roupa e material escolar a nos acompanhar nas aulas de natação.

Meu pai e minha mãe não competiam entre si, mas sinto que competiam consigo mesmos no trabalho. Minha mãe passou boa parte da vida tentando mostrar para o pai dela, que também era psicanalista, que tinha talento. Meu pai sempre levava as preocupações do trabalho para casa, e dava para sentir suas inseguranças, sua raiva e o quanto se sentia injustiçado nas empresas em que esteve.

Sinto que fui, inconscientemente, treinada para competir. Nos exemplos que via, nos diálogos que presenciava, nas comparações em que eu ia sendo colocada sem pedir, no mundo que eu enxergava do lado de fora da janela. Lembro-me de algumas frases que me indicavam caminhos dos quais ainda tenho muita dificuldade de me libertar: "a Mari é ótima, não dá trabalho nenhum", "a Mari dorme sozinha, pega a naninha e vai para a cama sem a gente ter que dizer nada", "dá uma olhada na velocidade com que a Mari monta o quebra-cabeças".

Ainda me vejo na mesinha baixa da sala de casa quando as visitas chegavam montando aquele quebra-cabeças com muito medo de demorar para encontrar as peças. Eu montava mesmo sem ter a menor vontade e me julgava o tempo todo através do olhar dos outros.

"Talvez ginástica olímpica não seja para você, você não tem a flexibilidade do Rafa." Esse tipo de comentário pode nos fazer abandonar sonhos. Ou adiá-los. Especialmente quando não estamos seguros de quem somos. E eu nunca estive.

"É sempre bom ser o melhor. Ser o melhor é ótimo." Ouvi isso do meu pai há pouco tempo. Eu fui a melhor aluna da classe. Também fui a melhor jogadora de handebol do time. O problema é tentar ser a melhor em tudo: a melhor filha, a melhor amiga, a melhor namorada, a melhor jornalista, a melhor mãe.

E, para ser a melhor, a gente precisa desenvolver um senso crítico aguçado. Afinal, se não conseguirmos julgar os outros como piores, nunca nos sentiremos "os melhores". Apontar os erros alheios é fundamental para enxergar nossos acertos, certo? Não! Que grande bobagem. Ao tentar desmerecer os outros para me achar merecedora de algo, mais uma vez experimentei a solidão. A solidão e a exaustão de me comparar o tempo inteiro. A solidão de me sentir numa eterna competição, sem conseguir relaxar. Hoje também vejo o quanto fui destrutiva em muitas relações por causa disso.

Sinto que o melhor que posso fazer é buscar parar de competir. Como dividir as soluções que enxergo sem ter que ser a única pessoa a solucionar tudo? Como reconhecer a solução que os outros oferecem como positivas? Mais que isso: como relaxar para encontrar e fomentar exemplos de cooperação, união, serenidade e paz?

Troquei ideia sobre cooperação com um amigo que admiro muito, o Gustavo Tanaka. Ele me disse uma palavra que acho que é absolutamente fundamental para começarmos a pensar no assunto: *confiança*. Eu preciso confiar no meu lugar. Se sei o meu lugar, sei quem sou e confio no campo, consigo abrir espaço. Se não sei o meu lugar, ocupo a cadeira de outra pessoa. Confiar é um jeito de olhar e perceber que está tudo certo da forma como as coisas vão se ajeitando. É isto: confiar exige entrega. Abrir mão do controle. Ao confiarmos, nós nos entregamos a todas as possibilidades: a de algo se consolidar, crescer e prosperar, mas também minguar, perder-se ou morrer.

O jornalista e professor de ética Clóvis de Barros Filho, figura que já tive o prazer de entrevistar algumas vezes e que admiro demais, fala que confiar é "delegar algo que você não pode verificar constantemente".

Isso me lembra que poucas coisas me impressionaram mais na minha infância que uma cena que presenciei no sítio do meu avô: aranhas tecendo teias enormes que se estendiam entre árvores a mais de dois metros de distância umas das outras. A precisão, a delicadeza e a certeza – tudo no exato lugar. Quando amanhecia, pequenos cristais de orvalho faziam brilhar as conexões entre os fios.

Certa vez, li na revista *Superinteressante* uma explicação sobre como as aranhas fazem suas teias. Para armar a teia entre galhos distantes, elas lançam o primeiro fio e acreditam que ele vai grudar do outro lado – um filamento longo e elástico, resistente ao vento, mas leve o suficiente para ser carregado por ele. As aranhas não têm esses fios guardados em um estoque; elas os produzem à medida que os lançam. Na produção da teia, só há o presente. Se o fio não acerta o alvo, a aranha o recolhe e o engole. Digere a tentativa e o erro para tentar de novo.

O que há dentro de cada um de nós que estamos dispostos a lançar ao mundo nessa eterna tentativa de gerar teias, conexões, nosso campo de ação? O que há de tão poderoso que podemos usar sem medo de perder, de acabar? O que podemos gastar e recolher e reciclar e ter mais e mais até morrer? Amor e confiança.

No primeiro semestre de 2022, convidei para um retiro vinte pessoas que amo. Passamos sexta, sábado e domingo em um lugar mágico. Nem todo mundo do grupo mora no mesmo estado, mas ninguém negou o convite.

O chamado era para que cada um levasse sua medicina, cada um lançasse sua seda, para que, juntos, fortalecêssemos e ampliássemos a teia que nos uniu. A ideia original do retiro era falar de ritmo e permissão, criar uma pausa na correria do dia a dia. Teríamos aulas de *tai chi*, música, fogueira, dança e rodas de partilha. Mas foi muito mais que isso. Mahê Ferreira nos ofereceu uma linda cerimônia com cacau – uma bebida considerada sagrada pelos povos olmecas, maias e astecas. O cacau não é alucinógeno, mas possui teobromina, ou "alimento dos deuses". Há milhares de anos, o ritual do cacau é feito por povos originários da América para diversos fins medicinais e espirituais. Hoje essa sabedoria está sendo resgatada, e as cerimônias de cacau têm ajudado muita gente a expandir o coração e a amorosidade.

Na roda de cacau que fizemos, todos ajudaram a cortar e preparar o fruto. Quando recebi minha xícara, fiquei um bom tempo com ela encostada ao peito, perguntando para o meu coração o que ela tinha para me contar. Quando finalmente tomei, imaginei que estava engolindo meu coração para digerir o que mora ali dentro.

Na sequência, eu daria uma atividade de movimento – algo simples, apenas para que a gente ouvisse nosso corpo. No entanto, quando olhei o clima, todo mundo parecia tão satisfeito depois do cacau que logo pensei que estragaria aquela *vibe*, que talvez não fosse necessária a minha parte da atividade.

Quando esse pensamento me invadiu, senti-me péssima: eu estava me negando a lançar meu fio naquela teia que eu mesma havia ajudado a tecer. Então era isso que morava em meu coração? Falta de confiança na minha potência? Falta de amor-próprio? Eu, rodeada de pessoas que amo, sem me amar.

Mudei de ideia e criei forças para começar. De repente, estava ali, conduzindo a dinâmica e lidando com minhas inseguranças. Todos com as mãos no coração. No fim, pedi que todos deitassem e conduzi uma meditação. Os corpos estendidos, entregues. Eu observando e respirando junto com tanta gente querida.

Ainda tomada pelo gosto amargo daquela descoberta, eu me vi percorrendo a sala à espera de qualquer elogio externo que me fizesse validar o que eu havia acabado de fazer. Basicamente queria alguém para dizer que eu podia me amar. Que eu também tenho fios para lançar no mundo.

Charles Feltman escreveu em *The thin book of trust* que "confiar é escolher arriscar tornar vulnerável à ação de outra pessoa algo que você valoriza". Eu havia escolhido o risco. Não caí na minha própria armadilha. Não desisti de oferecer minha medicina para as pessoas amadas que lá estavam. Mesmo assim, percebi o quanto minha confiança em mim mesma é frágil e dependente de validação externa.

Teríamos fogueira naquela noite, mas eu estava exausta. Mais que isso, o que eu sentia era vergonha e medo. Vergonha de não ser boa o bastante para estar naquele grupo. O mais interessante é que esse pensamento era tão ilógico quanto penoso: eu havia montado o grupo, pensado em cada integrante, desejado cada presença. E agora pensava que todos estavam no lugar certo, menos eu. Mais uma vez eu estava construindo minha própria redoma de exclusão. Ao temer o amor, ao temer perder o amor, prefiro não me amar e não correr o risco de sofrer.

Decidi falar com meu namorado sobre o nó que apertava meu peito e os pensamentos que faziam minha cabeça doer. Na cama do quarto do hotel, minha voz quase não saiu. Não sei se fui clara, quanto ele me entendeu. Mas ele me ouviu e me acolheu. E eu me permiti receber seu carinho.

A medicina potente que havia me inspirado a fazer o retiro se manifestou ali: ritmo e permissão. Tempo para ampliar a percepção, para sentir o que precisa ser sentido. Acolhimento para não fugir do que amedronta. Amor para seguir confiando na teia mágica da vida, sempre.

Como diz Brené Brown, no livro *Braving the wilderness*:

> Escondidos em *bunkers*, não precisamos nos preocupar em ser vulneráveis, corajosos ou confiantes. Mas os *bunkers* não nos protegem da solidão e da desconexão. Em outras palavras, não estamos protegidos dos piores desgostos. Temos de encontrar o caminho que nos levará uns aos outros ou estaremos perdidos porque o medo triunfará. Isso requer disposição para a vulnerabilidade e, em vez de conforto, coragem.

No último dia do retiro, decidi partilhar minhas angústias e o gosto amargo que o cacau havia deixado em minha boca. A sensação de sair aos poucos dos meus esconderijos, das barricadas dessa guerra interna, é libertadora.

Jornada de exploressência

Parte 13

Você teve modelos de cooperação na infância? Quais?
....
....
....
....

Sente que foi treinado para competir? Como?
....
....
....
....

Consegue se lembrar de alguma frase que ouviu e que lhe causou insegurança?
....
....
....
....

14

Unboxing.Me

Como faço para ser eu mesma?

Um sonho que tive na virada de 2020 foi como uma síntese da razão para meu pedido de demissão da Globo em março de 2019. Eu precisava curar minha ferida da invisibilidade, eu precisava me enxergar. *Sawubona*: eu precisava me dar atenção, descobrir minhas necessidades, vislumbrar medos, aprofundar-me em meus erros, aceitá-los. Eu precisava existir para mim.

Em 2018, mediei um painel sobre longevidade num evento em São Paulo, e uma das participantes era a psicóloga Janete Makul, que falou da importância do propósito na vida: hoje a ciência já sabe que quem tem propósito adoece menos e demora mais para morrer que quem não tem. Ela dizia que as pessoas tinham que descobrir quem elas eram para entender o propósito delas. Da plateia, uma menina levantou a mão.

— OK, Janete, mas como descobrir quem sou?

A pergunta foi, ao mesmo tempo, um presente e um choque para mim. *Essa é a verdadeira pergunta de 1 milhão de dólares*, pensei. E na sequência me dei conta: eu também não tinha ideia de quem eu era. Fiquei tão embasbacada com aquela pergunta que no dia seguinte comentei no Instagram o que havia ocorrido e convidei os seguidores que tinham a mesma dúvida a deixarem seus e-mails para que pudéssemos conversar sobre o assunto. Mais de 5 mil pessoas deixaram o contato nos comentários.

Diante de todos aqueles e-mails e de tantas mensagens parecidas, veio a vontade de ajudar as pessoas a explorarem a sua verdadeira natureza; então, decidi criar o Unboxing.Me: uma jornada de explores-sência. Um grande amigo uma vez me disse uma frase que nunca mais esqueci e que cabe perfeitamente nessa situação: "A gente só ensina o que a gente mais precisa aprender". Aliás, Elizabeth Gilbert fala sobre isso em *A grande magia*:

> Certa vez escrevi um livro para me salvar. Escrevi aquelas memórias de viagem para compreender minha própria jornada e minha confusão emocional. Tudo o que estava tentando fazer com aquele livro era me entender. No entanto, acabei escrevendo uma história que aparentemente ajudou muitas outras pessoas a se entenderem. Mas essa nunca foi minha intenção. Se eu tivesse me sentado para escrever *Comer, rezar e amar* com o único objetivo de ajudar os outros, teria saído um livro completamente diferente. Poderia até ter produzido um texto ilegível de tão insuportável.

Em 2018, minha relação com a meditação já havia mudado. Se antes eu meditava para controlar desfechos e satisfazer meu ego, agora percebia que a meditação não tinha nada a ver com a necessidade de querer controlar o mundo. Entendi que a meditação profunda, que requer muita entrega, é uma ferramenta sensacional de conexão comigo mesma. Soma-se a isso o que aprendi ao longo do tempo trabalhando como jornalista e apresentadora: que cada um se conecta de um jeito. Tem gente que se lembra de mim na previsão do tempo, tem gente que me pergunta se sinto falta da época de bancada ao lado do Boechat e do Joelmir Beting, tem gente que não se conforma até hoje que o Globo Mar acabou, tem gente que se lembra de quando voei num caça e ultrapassei a barreira do som no Fantástico, tem gente que gosta de surfar e se recorda da série *Entre nessa Onda*, do Bem Estar, e tem gente que só me conhece do Unboxing.Me e de palestras e treinamentos em empresas.

O invisível, aquilo que a gente é na essência, se manifesta, age através do visível, e foi por isso que usei a metáfora das caixas quando criei o nome Unboxing.Me. *Unboxing* é uma categoria de vídeo de propaganda e avaliação que ficou famosa na última década: as pessoas abrem caixas para mostrar, montar e avaliar o que quer que esteja lá dentro – brinquedos, máquinas fotográficas, Pokémons, eletrodomésticos.

E se abríssemos nossa própria caixa? Você saberia o que fazer consigo mesmo? Saberia a melhor forma de usar? Muita gente diz que o segredo da inovação é pensar fora da caixa. E eu pergunto: como pensar fora da caixa se a gente nem sabe o que tem dentro das nossas próprias caixas? Quantas de nossas caixas têm um lacre emocional que não nos permite um mergulho em nós mesmos?

Elena Ferrante, em *A filha perdida*, ilustra o cadeado que colocamos em nossas caixas com o seguinte parágrafo: "Obriguei-me a estudar e o fiz durante boa parte da noite. Desde o início da adolescência, aprendi a ser muito disciplinada: afasto os pensamentos, adormeço as dores e as humilhações, ponho em um canto as ansiedades". Você também se disciplinou a fugir de si? Dos seus sentimentos?

Nós, jornalistas, somos treinados para esconder emoções enquanto trabalhamos. Dar as piores notícias com serenidade. Quantas vezes já não ouvi que não deveria levar meus problemas de casa para o trabalho? Vamos nos apartando, nos separando de nós mesmos. Passei dezoito anos da minha vida como apresentadora. E quando você é apresentadora, loira e trabalha na Globo, você é apresentadora, loira e trabalha na Globo. É assim que todo mundo a vê. Desconstruir minha própria imagem para chegar à essência de quem sou tem sido meu maior trabalho dos últimos anos.

No dia 25 de janeiro de 2019, fui dar uma palestra em Belo Horizonte. Ao chegar, a barragem de Brumadinho tinha estourado. A segunda parte do evento seria apenas no dia seguinte, à noite. Eu tinha o sábado livre. Perguntei ao motorista quanto ele cobraria para me levar ao local da tragédia. Passei a tarde ouvindo histórias de pessoas desesperadas porque não sabiam se filhos, maridos, esposas, pais ou avós seriam resgatados vivos daquela lama. Com meu celular, gravei muitos depoimentos.

Na época eu ainda trabalhava no Bem Estar, e a direção do programa havia decidido mudar o tema da segunda-feira. Eu estava acompanhando as mensagens pelo celular e vi que a pauta seria o cuidado com a alimentação e lavagem de verduras e legumes para evitar o risco de contaminação pelas substâncias tóxicas da lama.

Liguei para a Patricia Carvalho, diretora do programa, e disse a ela: "Pat, essas pessoas estão preocupadas com a vida dos parentes, dos amigos, dos colegas de trabalho, não estão pensando em comer. Deixa eu ficar aqui, deixa eu mostrar o clima, deixa eu apresentar o programa de Brumadinho na segunda-feira?". Ela concordou, e eu acabei passando a semana naquele cenário de horror e dor.

No último dia, quando já tinha parado de trabalhar, conheci o Edson. Ele havia perdido tudo. Quando nos sentamos no restaurante da pousada em que estávamos hospedados, ele me disse, apontando cada peça de roupa que estava usando: "Isso não é meu. Isso não é meu. Isso também não". Depois apontou para a mesa do restaurante, para o chão e para o teto e repetiu: "Isso não é meu. Isso não é meu. Isso também não".

Edson contou-me que havia trabalhado por trinta anos na Vale do Rio Doce, que tudo o que havia construído na vida fora fruto desse tempo de dedicação e, agora, em trinta segundos, tudo havia desaparecido. Quando a barragem se rompeu, o caseiro e a cozinheira da casa na qual ele vivia com a mulher perceberam que os animais estavam agitados e conseguiram fugir. A esposa de Edson foi avisada por eles, mas, no meio do trajeto, decidiu voltar para salvar o cachorro de estimação. Ela foi encontrada morta com o cão nos braços, debaixo da lama.

Depois de me dizer tudo isso, Edson olhou em meus olhos e disse: "E você? Quem é?". O que eu podia dizer? Quem eu era? Em quem havia me transformado depois de ouvir tudo aquilo? Fiquei muda. Apenas olhei bem fundo em seus olhos, abri meu coração o máximo que eu podia e me coloquei ali, absolutamente presente, à disposição.

Aquele foi mais um momento que me comprovou o que eu já sabia: para mim, não fazia mais sentido trabalhar na Globo. Eu não podia mais ser "obrigada" a falar quando precisava apenas sentir. E eu me sentia presa na grade de programação da maior emissora de TV do Brasil. Minha essência clamava por liberdade e autonomia!

À medida que eu mergulhava em cada encontro vivencial do Unboxing.Me, eu aprofundava essa descoberta de mim. A cada encontro, eu me conectava mais comigo mesma.

Jornada de exploressência

Parte 14

Você tem dúvida sobre o que fazer para ser você mesmo?
....
....
....

Consegue identificar algum padrão com que precisa romper, mas ao qual se sente preso?
....
....
....

15

A Globo saiu de mim

Encontrar coerência entre pensamentos, emoções e ações

No dia 2 de janeiro de 2019, eu estava em Itu, de férias, e meu telefone tocou: Fernando Rocha, grande amigo e parceiro de apresentação no Bem Estar. Ele me avisou que o programa acabaria. Eu estava podando as plantas e me lembro de ter pensado: *Precisamos cortar os galhos daquilo que não faz mais sentido na vida. Está na hora de o programa acabar.* Respondi com muita tranquilidade:

— Nossa, Fê, faz sentido, porque o que não dá mais fruto precisa ser podado!

— Mari, você não está entendendo, vai acabar o programa. Está todo mundo chorando na redação. Vai ser no dia 18 de janeiro!

Chegou 18 de janeiro – a tão esperada data –, e o programa não acabou. Então a ansiedade veio com tudo: fiquei desesperada. Toda a calma de quem naquela conversa podava o jardim se esvaneceu. Virei o retrato do desequilíbrio. Só que, com a prática que já tinha adquirido até ali de uma rotina de autoconhecimento e auto-observação, detectei o desespero rapidamente. Aprendi ao longo do tempo que o melhor a fazer nessas horas é silenciar, entrar em contato com a emoção e tentar descobrir suas causas.

Em um desses momentos de silêncio, notei que estava desesperada porque o programa não tinha acabado, sendo que para mim ele já tinha se encerrado. Naquele instante, entendi que a responsabilidade de tirá-lo da minha vida estava em minhas mãos: eu teria que tomar a atitude de deixar a Globo.

Estou plenamente convencida de que o Universo nunca nos abandona quando vencemos a preguiça e paramos de fugir de nós mesmos. No caminho do autoencontro há sempre encontros divinos com o sagrado que atravessa a gente o tempo todo. Para isso, basta ser corajoso e agir com o coração.

Hoje há muitas pesquisas em andamento sobre a chamada "inteligência do coração", e muita gente acredita inclusive que ela será um grande diferencial no mercado de trabalho – até por isso tantas empresas têm tentado fabricar *gadgets* (dispositivos portáteis) capazes de ativar a sabedoria do órgão sem a necessidade de passar anos dentro de um monastério.

A HeartMath, organização criada com o objetivo de fazer as pessoas se conectarem com sua intuição e seu coração, vende treinamentos e produtos e faz estudos na área, entre os quais uma publicação interessante que sugere que a coerência entre mente, coração e corpo – ou seja, entre nossos pensamentos, emoções e ações – aumenta a intuição e que isso pode ser medido por imagens que revelam o campo magnético emitido pelas batidas do órgão. O estudo diz ainda que é possível treinar, com a ajuda de equipamentos que deixam os batimentos cardíacos mais harmônicos, a capacidade de perceber algo, mesmo que esteja distante no tempo ou no espaço.

Como descrevo neste livro, já tive intuições fortes, visões, meditações que me levaram a revelações impressionantes e muitos, muitos exemplos de sincronicidade. Mas acho importante dizer que concordo com algo que está no terceiro capítulo de *A ciência da meditação*:

> Algumas pessoas se prendem aos extraordinários estados atingidos durante uma sessão de meditação – particularmente durante longos retiros – e prestam pouca atenção em como, ou mesmo se, esses estados se traduzem em uma mudança duradoura para melhorar suas qualidades de ser, após terem voltado para a vida normal. Valorizar apenas o auge é deixar de enxergar a real finalidade da prática: transformar a nós mesmos de maneira permanente no dia a dia... Não é o efeito durante o processo que importa. É no que você se transforma.

Isso traduz perfeitamente uma espécie de birra e implicância que tenho com processos que prometem soluções mágicas, rápidas e eternas. Ao mesmo tempo, acho fundamental reconhecer e valorizar os sinais, as intuições e as sincronicidades que chegam a nós.

Com tom irritadiço, minha mãe sempre me dizia: "Mari, você é a pessoa que mais vive enxergando setas pelo caminho, mas você teima em ir na direção contrária". Sou teimosa mesmo, mas hoje sinto que o que me faltava para seguir as setas, os sinais, mais que flexibilidade, era a confiança em mim mesma. Como ouvir o caminho do coração se não validamos o que sentimos? Se nossa mente insiste em dizer que devemos ir para o outro lado? O segredo está em identificar o medo. Essa emoção poderosa serve para nos proteger, mas não só. Há diferença entre ser corajoso e ser destemido.

Quando saí da Globo, a frase que mais ouvi foi "eu queria ter sua coragem". O que muita gente não sabe é que o que eu mais senti durante aquela fase foi medo. Medo de como seria a conversa com o

Schroder, de como ele acataria meu pedido de demissão, de ficar sem grana, de as pessoas não gostarem mais de mim, de amigos desaparecerem, de a Soul.Me não dar certo, de o meu canal no YouTube ser um fracasso, de meu pai ficar bravo, de meus filhos não terem mais orgulho de mim. E o que fiz com todos esses medos? Simplesmente ouvi cada um deles.

Há uma sabedoria nata no corpo, e ela pode ser acessada quando você faz o que Jon Kabat-Zinn, que popularizou o *mindfulness*, chama de "vestir-se de seu próprio corpo". Quando você se veste do seu corpo, acessa o tal estado de presença – momento em que pode começar a enxergar a vida e inclusive a si mesmo de um jeito diferente.

Vamos pensar em duas categorias de profissionais que realmente veem o mundo de um jeito diferente: os mergulhadores e os astronautas. O que eles fazem? Vestem roupas especiais, que cobrem o corpo inteiro. E qual é a primeira coisa que percebem quando se dispõem a encarar uma nova realidade? A própria respiração. Eu nunca estive no espaço, mas já mergulhei algumas vezes e posso dizer que, quando a gente se acostuma, mergulhar é absolutamente relaxante, porque todos os ruídos, todas as distrações vão embora à medida que você se afasta da superfície. Você não escuta nada além da própria respiração.

O contato com a respiração é o contato com o ritmo interno, com aquele que não liga para o calendário. Quando a gente perde o contato com a respiração, a gente perde o ritmo, a harmonia e, muitas vezes, adoece. A respiração é um lembrete diário de que, se estivermos dispostos a mergulhar, a nos vestirmos de nós mesmos, podemos recuperar a calma que há em nossas profundezas.

Lembre-se: a calma que vive em você pode estar escondida por camadas e camadas de correntes de distração. Mergulhe em sua respiração para encontrá-la! A respiração nos lembra que temos escolha. Ao contrário do medo, por exemplo, que prende nossa respiração e nos leva a vários becos sem saída, a respiração nos dá alternativas, nos ajuda a enxergar caminhos que antes não víamos. Mas é preciso praticar! Ficou tenso? Respire. Recebeu um e-mail chato? Respire. Alguém falou algo de que você não gostou? Respire.

A maioria de nós faz o contrário: vai acumulando tensão. Muitas vezes, sem perceber. No fim do dia, estamos morrendo de dor na cervical, na lombar, nos ombros, e achamos que é apenas porque passamos muito tempo sentados. Esquecemos que parte da tensão veio de outros incômodos: mal-entendidos, discussões, excesso de tarefas, dificuldade de impor limites, culpa.

Valorizar os incômodos é um passo fundamental na jornada do autoconhecimento. Meu amigo Satyanatha, que é monge, costuma brincar: "Se há uma goteira em um cômodo que você usa pouco, uma edícula, por exemplo, provavelmente você demorará mais para chamar um encanador. Mas, se a goteira estiver na sala, na cozinha ou no quarto, você vai querer consertá-la imediatamente".

Esta é uma ótima pergunta: qual incômodo fica o tempo inteiro em sua cabeça, como uma goteira? Talvez você deva começar o conserto por ele.

Jornada de exploressência

Parte 15

"Quando não falamos nossa verdade, deixamos de nos nutrir e passamos a comer as sobras de alguém; isso nos torna abutres e não serve ao nosso propósito." Você já sentiu que estava comendo as sobras de alguém, sem conseguir nutrir a sua verdade?

....
....
....
....

Consegue identificar seus maiores incômodos hoje?

....
....
....
....

Se possível, escreva um diálogo com algum de seus medos e tente concordar com ele. Identifique as razões pelas quais ele existe. Seja compreensivo consigo mesmo.

....
....
....
....

16

Não existe mudança sem travessia

O luto da demissão

Minha conversa com Schroder, diretor-geral da Globo, estava marcada para o meio-dia. Na sala de espera, minha ansiedade estava a mil. A secretária já havia me avisado que ele estava com outra pessoa e que se atrasaria um pouquinho.

Quando a porta se abriu, quem saiu da sala foi uma atriz famosa, protagonista de muitas novelas. Então, 12h12 a secretária me indicou que entrasse.

— Schroder, eu não posso mais ficar em um lugar onde eu não estou inteira. E eu já não estou mais inteira aqui. Queria lhe agradecer muito por todas as oportunidades.

Foi assim que abri a conversa, de maneira convicta. Não tinha muito mais a ser dito. Ele ainda puxou papo, mas nem tentou me convencer.

Nós nos abraçamos e saí da sala. Lembro-me da sensação de alívio: foi como ganhar na loteria sem gastar um tostão para jogar – inclusive, eu tinha acabado de perder meu salário.

Só não deu tanto tempo de comemorar: naquela tarde eu tinha a reunião de um evento em que seria mestre de cerimônias. Fiquei três horas em uma sala cheia de caveiras mexicanas, porque o dono da agência era apaixonado pelo México. Nem preciso dizer o quanto pensei em minha avó, certo? Quando saí da reunião, ao checar as mensagens, vi que meu pai tentara me ligar para dizer que minha *abuelita* acabara de falecer.

Eu lidaria com dois lutos ao mesmo tempo: o da morte da minha avó e o da saída da Globo. Entendi que, por mais que a gente queira determinada mudança, ao concretizá-la também precisamos olhar o que ficou para trás. Certa vez, ouvi uma palestra de Ana Claudia Quintana Arantes, geriatra especialista em cuidados paliativos, em que ela falava algo parecido: "Todo mundo fica feliz ao entrar na faculdade, mas esquece que sair da escola é um luto". Sair da Globo implicava um processo de luto.

Em concha me fecho.
Por debaixo da superfície,
o que o sol não alcança
e nenhum pescador vê.

Me desmancho na espuma
arredia.
Disfarçada tristeza
que encrespa as águas.

Vou e volto.
Me largo,
mas não me solto.

Me trago
em correntes de retorno,
me entorno no mesmo caldo.

A calda da baleia,
fresta de espetáculo,
o resto, à espera.

Sigo indo
grudada no convés
descascada ao revés.

Sigo vindo,
mas meus olhos
temem me ver.
Pisco, desvio.

Estou aprendendo ainda a ser.

Ao mudarmos uma situação, em geral pensamos no lugar aonde devemos chegar, mas eu gosto da imagem da travessia. A travessia de aprender a ser no caminho, enquanto caminhamos. Sair do ponto A para o ponto B não é dar um salto, mas sim traçar uma direção e ir navegando. E, durante a jornada, precisamos nos lembrar de que aquilo que deixamos no ponto A é muito importante para chegarmos ao ponto B. Portanto, sentiremos falta de muita coisa, as lembranças boas vão colorir nosso caminho de saudade. As ruins nos deixarão à deriva, às vezes por dias, semanas, meses.

O luto para mim tem muito a ver com o mar, com o surfe. Às vezes está tudo calmo, facilmente vencemos a rebentação, com sorte até dropamos uma onda, sentimos a brisa de alívio no rosto e a sensação fugaz de alegria. Naquele momento, pensamos que é possível ser feliz novamente. Mas logo caímos da prancha, tomamos um caldo e custamos a voltar para a superfície. Ficamos presos, sem ar, com a certeza de que nunca mais sairemos dali. Altos e baixos: viver o luto é sentar na primeira fila da montanha-russa.

Sinto que a diferença está, como diz Machado de Assis, em "atar as duas pontas da vida"; neste caso, a vida antes daquela morte (simbólica ou real) e a vida depois dela. Para fazer isso, precisamos entender o que aquela pessoa (ou relação) representa para nós.

Uma das entrevistas mais esclarecedoras que fiz sobre o processo de luto foi com Robert Neimeyer, professor do departamento de psicologia da Universidade de Memphis e autor de mais de trinta livros sobre o assunto. O pai de Robert se matou quando o filho ainda era menino, e a família ficou mais de quinze anos sem pronunciar o nome do falecido. Com os estudos, Robert entendeu o quanto aquele silêncio dificultou seu processo de luto; hoje ele ensina as pessoas a criarem intimidade com aqueles que já se foram. "A gente precisa entender o que aquela pessoa significa para a gente. Que papel ela desempenhava na nossa vida e que papel a gente desempenhava na vida dela", ele me disse.

E é justamente para entender quais são esses papéis que Robert recomenda reabrir, reler e revisitar o luto tantas vezes quanto necessárias. Isso, segundo ele, pode ser feito com um simples fechar de olhos, respirando profundamente e se imaginando na frente daquela pessoa outra vez. Nessa chance de reencontro, o que você vê? O que diz? Quais palavras escuta? Que história nasce desse novo encontro?

Manter as histórias vivas também é uma recomendação que está no livro *A ridícula ideia de nunca mais te ver*, de Rosa Montero. A autora conta a história de Marie Curie, cientista inovadora, química e física polonesa que fez, ao lado do marido, Pierre Curie, também físico, as primeiras pesquisas sobre radioatividade. Rosa, que ficou viúva muito cedo, vai entrelaçando seu luto com o de Marie Curie:

> Para viver, temos de narrar... Por isso quando alguém morre é preciso escrever o final. O final da vida de quem morre, mas também o final da nossa vida em comum. Contar o que fomos um para o outro, dizer-nos todas as palavras belas necessárias, construir pontes sobre as fissuras, livrar a paisagem das ervas daninhas. E é preciso esculpir este relato redondo na pedra sepulcral da nossa memória.

Sinto que foi exatamente por isso que escrevi palestras sobre minha saída da Globo e sobre todos os lutos que vivi. Ao contrário do que muita gente pode pensar, adoro falar sobre esses assuntos, mas apenas porque já falei muito comigo mesma sobre eles.

Ir me desfazendo da identidade que construí como figura pública da televisão foi como desmoronar um castelo de cartas. Muitos hábitos e rotinas que estavam atrelados à "apresentadora Mariana Ferrão" desabaram junto. Houve o lado bom: passei a acordar sem despertador, a deixar o salto alto no armário e a andar praticamente só de chinelo; doei muitas roupas e bolsas das quais não precisava mais e, especialmente, reparei que minha mente estava bem mais calma, sem se preocupar com picuinhas que antes me atormentavam dia e noite. Mas preencher a rotina com o novo nem sempre é fácil, ainda mais quando se é a própria chefe.

Logo depois de ter pedido demissão da Globo, ainda antes de sair do Bem Estar, fui para o World Happiness Summit (WOHASU), em Miami, um evento com os maiores especialistas em ciência da felicidade e bem-estar. Um dos exercícios propostos no evento sugeria que você escrevesse uma carta para ler depois de seis meses. Você escrevia, deixava lá e, em seis meses, eles a mandavam de volta.

Eis aqui o que escrevi no dia 18 de março de 2019:

Sinto frio nos pés, mas estou ouvindo "*I'm the light of soul, I'm beautiful, I'm blessed*". Foi assim que me senti no WOHASU durante uma meditação para perceber como é bom ser eu mesma!

Mas também tive muitas inseguranças durante o Summit. Ao olhar no espelho agora quando fui escovar os dentes no avião, vi a herpes no canto esquerdo da boca, pele descamando, parte do lábio rachada. Pensei: *Tem coisas que demoram a sarar.*

Minha *abuelita* morreu nesta semana, dia 11. Horas depois de eu ter pedido demissão da Globo.

Sinto-me uma cobra trocando de pele, deixando para trás uma vida e várias máscaras que fizeram sentido por tanto tempo.

Como não ser mais apresentadora? Estou nesse papel há dezoito anos. Ganhei maturidade e me emancipei. Não tinha feito as contas.

Fui feliz apresentando o Larry King. Fui muito feliz no Jornal da Band. Nem tanto no Bem Estar. Na época, formei uma família e me descobri. A maternidade me pariu espiritualmente, aproveitando palavras de Campbell no livro *Deusas: os mistérios do divino feminino.*

Fui feliz porque pude ser eu mais que nunca – e, quando não aguentei não ser mais eu, pedi para sair. Sem trauma, sem falar mal de ninguém. Apenas e simplesmente dizendo: "Não vou renovar o contrato, Schroder". E depois fui conversar com Patricia. Senti que não tinha mais o que ser dito. Fiz o que pude e o que não pude não fiz. Se queria ter feito diferente, isso é outra coisa.

Os "se" da vida nunca foram predileção. A energia vai para onde a atenção segue. Se os "se" não existem, não me convencem a colocar ali minha energia. Perda de tempo.

Agora terei muito trabalho para botar a Soul.Me de pé. A maior barreira talvez seja vencer meus medos. Especialmente de não ser tão bem-vinda já não sendo apresentadora da Globo. Mas há apenas uma maneira de vencer esse medo: usando a coragem para ser o que sempre fui. Afinal, sempre me senti muito mais que apresentadora.

No Summit, vi muitas mulheres na casa dos 50 anos desejando se impor, mostrando "pins" de conquista, falando de cargos e carros, tentando provar que eram alguém na vida. Temi ser como elas em dez anos. Mas se já sei o que não quero ser, por que seria? Amanhã trabalho e tenho Unboxing.Me.

A Globo aparentemente não vai me permitir terminar o contrato antes do dia 31. Eu já não queria ir. Ao mesmo tempo, sinto-me bem cumprindo tudo até o fim, sem deixar nada para trás. Simples assim: fiz o que era preciso.

Vou criar minha vida profissional com aquilo que mais valorizo: respeito, conexão, empatia e transformação. Com liberdade e autonomia. Porque não dá mais para não ser eu. Vou precisar de disciplina para lidar com todas as sombras e as sobras de pele que aparecerem no caminho.

Sinto-me me enraizando em minha própria vida. Para buscar meus nutrientes e não mais ter que depender de alguém que viu nos meus olhos minha fome. Prefiro olhar para o mundo satisfeita e mostrar, com brilho no olhar, quanto é possível saborear a vida. Amanhã Miguel completa 6 anos. Ontem sonhei que era fada e colocava nas crianças o número 6 para que integrassem desde cedo suas sombras.

Jornada de exploressência

Parte 16

Tente escrever uma carta a si mesmo para ler daqui a seis meses. Se quiser, peça a alguém de sua confiança que lhe entregue na data combinada. Escreva aqui algumas das informações que estariam nesta carta.

....
....
....
....

Que mudança você gostaria de fazer na vida? Consegue pensar nessa mudança como uma travessia? O que você deixaria no ponto de partida? O que encontraria no ponto de chegada?

....
....
....
....

Reflita sobre desafios e obstáculos que você pode encontrar no percurso. Liste ações, providências e pessoas que podem ajudá-lo na travessia.

....
....
....
....

17

A história da Soul.Me
Uma transformação a partir de dentro

Em março de 2019, o "Unboxing.Me – a jornada de exploressência", que criei em 2018, já havia alcançado mais de mil pessoas. Todo mês, fazíamos encontros presenciais no Espaço Natividade, em São Paulo, e transmitíamos on-line para todo o Brasil. O maior objetivo desses encontros era (e é até hoje!) aproximar cada vez mais as pessoas da própria essência. Tenho convicção de que essa é uma caminhada de uma vida inteira, pois, à medida que avançamos no processo, encontramos mais resistências que nos impedem de ver feridas profundas (as quais, inclusive, muitas vezes ainda não estamos prontos para encarar).

Desde 2018, o Unboxing.Me é meu grande ofício, meu serviço, meu dever e minha atividade. A cada encontro vivencial – que hoje acontece quinzenalmente apenas on-line –, eu me renovo e me descubro. Descubro como tentei me encaixar em situações, relacionamentos e trabalhos em que não cabia. Descubro como minha liberdade ainda está cerceada e trabalho para encontrar as chaves libertadoras, abandonar as caixas em que fomos colocados e os rótulos que nos foram dados e respeitar o jeito de ser de cada um. Viver a partir de si, daquilo que é valioso e precioso, podendo inventar caminhos únicos e reinventar a si próprio a cada passo.

O Unboxing.Me foi o primeiro pilar da Soul.Me, uma experiência. Experiência porque a jornada não é composta de aulas e não é um curso – é uma sequência de encontros em que partilhamos emoções, histórias, sentimentos e impressões. Eu facilito o processo de troca com a ajuda de livros que me inspiram. A cada semestre, a gente usa um livro como base da jornada. Leio, levanto as informações mais importantes, as histórias mais relevantes, e transformo o conteúdo em vivências que têm como foco o autoconhecimento e o autodesenvolvimento. Muitas vezes, abro mão de parte do roteiro programado para deixar fluir aquilo que se apresenta no momento do encontro, o que está mais vibrante no grupo.

Acredito demais na visão de culturas indígenas que reconhecem que contar histórias pode dar novos contornos à vida de cada indivíduo ao potencializar processos de cura e mudança. Outra razão pela qual gosto de usar textos e livros é porque sinto que criam um terreno fértil. O texto informa, provoca, emociona e, ao mesmo tempo, é estático, já está escrito; é um chão pelo qual andamos juntos, mesmo que cada um decida seguir em uma direção.

Uma vez assisti a um vídeo em que o escritor uruguaio Eduardo Galeano dizia: "O mundo deve ser feito de histórias, porque são as histórias que a gente conta, escuta, recria e multiplica que permitem transformar o passado em presente e que também permitem transformar o distante em próximo. O que está longe fica próximo, possível e visível".

A Soul.Me nasceu a partir do Unboxing.Me, um sonho de expandir aquilo em que acredito: toda transformação precisa nascer de dentro para o todo! Abrir nossa própria caixa, o baú onde estão guardadas nossas memórias mais íntimas, para nos livrarmos dos rótulos, dos títulos antigos, dos personagens que já não nos servem e buscar a narrativa de nossa própria essência.

Em um dos livros que estudamos no Unboxing.Me, *Caminho quádruplo*, a autora Angeles Arrien cita uma frase de Edgar Degas: "É muito bom copiar o que se vê, mas é melhor desenhar o que a memória enxerga. Aí você reproduz apenas o que te impressionou, ou seja, o essencial".

Os anos na televisão me fizeram seguir por um bom tempo padrões, vozes, estilos, movimentos, roupas que já me eram habituais. Até que percebi que nada daquilo era essencial para mim. Quando saí da Globo, queria continuar falando de saúde – especialmente de saúde mental e emocional, por causa da minha história com a depressão e o pânico. Só que eu queria falar a partir da minha essência – e foi por isso que criei a Soul.Me! Em inglês, Soul.Me é algo como "minha alma", mas a sonoridade da palavra em português também lembra "sou-me", ou "eu sou eu".

Mas o que exatamente é a Soul.Me? Isso eu descobri aos poucos. Assim como descobri o que não seria a Soul.Me. No primeiro ano, trabalhamos um bocado criando conteúdo para outras empresas. Conversávamos com departamentos médicos, de marketing e de recursos humanos para entender as principais questões de saúde dos colaboradores e criávamos podcasts, vídeos, palestras e treinamentos. Organizávamos isso em um grande cronograma anual e, a cada mês, entregávamos o conteúdo produzido. Mas percebi que era muito difícil, para mim, ficar satisfeita com isso. Eu não conseguia ver os resultados, não sabia o que as pessoas estavam pensando a respeito do que acompanhavam, muito menos se conseguiam fazer alguma transformação na vida a partir daquele conteúdo. E considero que informação só faz sentido se gerar conexão e/ou transformação.

Uma dinâmica ilustra bem isso e adoro apresentá-la durante minhas palestras vivenciais: começo pedindo que todos coloquem a música preferida para tocar bem alto no celular. Depois pergunto: O que acontece se a gente somar todas elas? Temos uma grande música preferida de todos? "Não, vira um barulho infernal." Aí, peço para alguém da plateia subir ao palco, mostrar a música para todo mundo e contar a razão pela qual aquela é sua canção preferida. O que acontece? A gente consegue escutar, presta atenção e se conecta com a música e com a pessoa que está falando.

Criar chaves de conexão com as pessoas é uma das missões da Soul.Me. Ouvir as pessoas é outra. Por isso as redes sociais fazem sentido para a empresa. Lá o diálogo é constante. A empresa nasceu para que as pessoas se conectem com elas mesmas e umas às outras. Quando alguém decide participar de uma experiência, seja um retiro, seja o Unboxing.Me, está saindo da correria do dia a dia, do piloto automático, e está escolhendo parar. E, quando escolhe parar, muitas vezes a gente freia aquilo que nos obrigaria a parar depois: um *burnout*, uma síndrome do pânico, um transtorno de ansiedade generalizada, uma gripe ou uma dor nas costas.

Uma das primeiras entrevistas que fiz no YouTube foi com Emiliana Fonseca Braga. Aos 36 anos, teve uma obstrução intestinal e recebeu a seguinte recomendação médica: "Assim que puder, faça uma colonoscopia". Ela levou seis meses para fazer o exame e me contou o porquê da demora: "Eu não podia parar a minha vida, estava na correria, com muitos compromissos. A vida estava tumultuada demais naquele momento".

Quando finalmente foi ao laboratório, Emiliana recebeu o diagnóstico: câncer intestinal – o tumor já estava com oito centímetros!

A busca pela saúde está entranhada em minha vida. Em alguns momentos, ela até se transformou em obsessão por causa do medo de voltar para o fundo do poço da depressão. Em muitas fases, sinto que sou rígida com meus horários de sono, minha alimentação e meus exercícios. Ao mesmo tempo, tornar-me responsável por mim mesma, assumir a responsabilidade da minha própria saúde, fez-me perceber que a gente não pode – nem deve – delegar essa missão a ninguém.

Cada um de nós precisa assumir a responsabilidade pela própria saúde. Médicos, planos de saúde, empresas e o governo podem ajudar, mas, como disse minha mãe para me convencer a sair do quarto quando eu estava deprimida, "Se você não quiser se ajudar, ninguém vai conseguir".

Para além disso, uma pessoa que tem acesso à educação e à informação de qualidade, que tem o hábito de ler, que pode comprar alimentos saudáveis, que consegue frequentar uma academia, na minha opinião, deveria se cuidar inclusive pela responsabilidade coletiva de ajudar quem nasceu sem esses privilégios.

Fazer com que cada um perceba o quanto é importante cuidar de si mesmo também é uma missão da minha empresa. Quando a plataforma nasceu, em 2019, meu sonho era criar, com inteligência artificial e *gamificação*, recompensas para quem assistisse aos conteúdos, mudasse hábitos e melhorasse a própria saúde. Essa pessoa acumularia pontos virtuais e, em algum momento, poderia doar suas recompensas para instituições ou ONGs ligadas à saúde. A Soul.Me faria essa ponte e transformaria, por exemplo, os pontos acumulados em eventos para divulgar as iniciativas de saúde que precisam de recursos. Seria uma forma de alimentar o círculo virtuoso do autocuidado.

Contudo, no fim de 2020, com a pandemia, depois de a plataforma ter dado um prejuízo de cerca de 150 mil reais, desisti da ideia e também da própria plataforma. Já tinham me falado o quanto era difícil atrair público para assistir a conteúdos que não estão nos grandes canais de distribuição. Eu quis tentar mesmo assim. Conseguimos mais de 3 mil assinantes no primeiro ano, mas não era suficiente para equalizar o custo de ter conteúdo diário, gravado em estúdio e editado em produtora e da manutenção da plataforma no ar. Além disso, era frustrante ver que um vídeo no canal do YouTube, feito com muito menos recursos, tinha cerca de duzentas vezes mais visualizações que os publicados na plataforma.

Abrir mão do que eu tinha levado quase um ano para construir não foi fácil, mas logo percebi que o mais importante não era ter uma plataforma própria, e sim manter meus sonhos vivos. Um deles é fazer com que as pessoas não precisem passar pelo sofrimento que eu passei para começarem a se cuidar.

Um grande exemplo para mim é Ana Michelle Soares, amiga querida que conheci quando estava no Bem Estar. Ana Mi convive com o câncer há mais de dez anos e publicou dois livros maravilhosos sobre o assunto. Em um deles, *Vida inteira*, ela escreve: "Eu tinha muitas certezas e acreditava que a paz residia no controle e na ilusão do futuro garantido. Quanta bobagem! Quando perdi o chão e soltei as rédeas foi que descobri o sabor e a leveza da felicidade de apenas estar presente no presente". E complementa: "O câncer me permitiu abandonar a ilusão da vida perfeita. Sou apenas uma poeirinha cósmica buscando um pouco do brilho das estrelas".

Ao escrever e falar sobre sua jornada como paciente oncológica e paliativa, Ana Mi me ensina muito sobre como fazer para que as pessoas se sintam menos sozinhas em seus adoecimentos. No livro, ela diz: "Todas as experiências da vida, boas e ruins, têm potencial de transmutar não só quem as vive, mas o outro. Ao compartilharmos de fato nossas dores, abrimos espaços amplos e verdadeiros para nos curarmos e curarmos outras pessoas que passam pelas mesmas dores".

A cura não vem do remédio. Qualquer cura, a meu ver, nasce de um vínculo, seja do novo vínculo que faremos com nós mesmos a partir do adoecimento, seja do vínculo que criamos com aqueles que oferecem ajuda para nos curar; e do vínculo, inclusive, que faz com que eu escolha tomar remédios, caso precise.

Foi também por isso que comecei a fazer vídeos diários no Instagram, foi por isso que tomei coragem e propus uma série de sete programas sobre meditação no Bem Estar, foi por isso que levei um monge para a casa do BBB no meio de um *hackathon*, foi por isso que me expus fazendo algo que não sabia, tentando surfar, foi por isso que topei participar da Dança dos Famosos e foi por isso que criei o Saúde de Corpo e Alma, na Rádio Globo – *podcast* que sonho retomar. E foi por isso que criei a Soul.Me!

Não se trata de realizar grandes transformações, mas sim de pequenas mudanças que podem fazer muita diferença!

Hoje, depois de pouco mais de três anos como líder de uma empresa, sinto que diversas mudanças ainda estão para acontecer. De todo modo, o mais importante é que minha essência está cada vez mais nítida na paisagem.

Jornada de exploressência

Parte 17

Você tem um compromisso diário consigo mesmo? Qual?

....
....
....
....

Consegue identificar uma dádiva que alguma doença tenha lhe propiciado, mesmo que tenha sido uma gripe?

....
....
....
....

Como você cuida da sua saúde? Você se sente responsável por ela? Cuida de si pensando só em você ou entende que cuidar de si mesmo é preservar a saúde do planeta?

....
....
....
....

De zero a dez, que nota você daria aos cuidados que tem com sua saúde? E como pode melhorar?

18

Falar verdades sem se ferir e sem ferir ninguém

Como encontrar o tom da própria vida

Meu ponto fraco de saúde, especialmente a partir da adolescência, sempre foi a garganta. Quando ginecologistas iam ao Bem Estar falar sobre tensão pré-menstrual, sempre diziam que existem mais de 150 sintomas para essa fase do ciclo. Eu perguntava se dor de garganta está entre esses sintomas, e todos diziam: "Não que eu saiba". Pois eu tenho dor de garganta na TPM.

Já tive crises terríveis de dor de garganta e, desde que me conheço por gente, sou tachada de "desafinada". Em casa, sempre diziam que meu irmão cantava bem, que minha mãe cantava bem, que minha avó cantava bem, mas que eu não levava o menor jeito para cantar. Isso me machucava de uma maneira que nem sei explicar. Penso que essa cicatriz ficou de algum jeito arranhando minha garganta todo mês, lembrando-me de uma expressão que nunca fui autorizada a ter.

Acho interessante que "desafinado", em inglês, seja *out of tune*, ou "fora do tom". Sem expressar nossa verdade, é assim que qualquer um se sente: fora do tom da própria vida.

Nas primeiras vezes em que pensei e meditei sobre as minhas dores de garganta, vislumbrei a quantidade de vezes que deixei de falar e fazer o que queria para agradar os outros. Depois, senti que os arranhões também eram resultado de muitos sapos que tive de engolir. Mas, aos poucos, fui entendendo que uma voz alinhada requer uma vida coerente. Comecei a relacionar a dor de garganta a momentos em que minhas ações, minhas palavras e meus pensamentos brigavam entre si. Foi doloroso perceber isso. Era mais fácil colocar a culpa da dor de garganta nas pessoas que não me deixavam cantar, em um programa que me obrigava a falar sobre assuntos de que eu não gostava e em tanta gente que me fez engolir sapos. Quando assumi a responsabilidade por me machucar, doeu.

Eu cresci com uma mãe que falava muito e quase sempre sem pensar. Acho que nunca vi minha mãe mentir ou pedir para não falarmos sobre determinado assunto. Por um lado, isso foi lindo, porque fiquei sabendo de histórias da vida dela muito cedo; por outro, sinto que como filha eu não precisava saber de tanto.

Até hoje isso me atrapalha. Às vezes, falo sobre minhas questões antes mesmo de chegar às minhas próprias sínteses. Sinto que preciso de um silêncio mais duradouro comigo, mas, em muitas situações, tenho dificuldade de mantê-lo pelo tempo necessário.

Já na família do meu pai, existem muitos "não ditos", segredos sobre os quais todo mundo tem medo de falar e que deixam lacunas no ar o tempo todo. Por que minha família veio para o Brasil? Meu avô fugiu do México por alguma razão. Meu pai passou anos sem vê-lo, sem saber onde estava, até que um dia ele telefonou para a minha avó e disse: "Pode vir com as crianças, estou no Brasil". Meu pai tinha 15 anos e deixou amigos, escola, namorada e a vida relativamente confortável que tinha na Cidade do México para morar em uma pequena casa no bairro da Pompeia, em São Paulo. Antes de meu avô morrer, meu pai tentou conversar com ele para saber o que realmente havia acontecido, mas meu *abuelito* apenas disse que ainda doía muito e que não conseguia falar.

Sinto compaixão ao pensar na dor dos filhos que ficaram sem saber do pai, na dor da minha avó, sem o marido, na dor do meu avô se sentindo responsável por todo o desconforto, na dor deles chegando a um país estranho sem conhecer ninguém. Certa vez, em um Réveillon, reunimos toda a família em um sítio. Em volta da fogueira, vestidos de branco, esperando a meia-noite, lembro-me de ter pensado: *Seja lá o que meu avô tenha feito, eu agradeço e honro. Se ele não tivesse agido como agiu, eu não estaria aqui ao lado de tanta gente que amo; eu nem existiria.*

Aquele momento foi marcante porque senti que estava preenchendo a lacuna daquele não dito, daquele segredo, com um amor imenso. O amor tem poder de cura, de preencher os vazios, de completar a gente. Diferentemente das palavras que não expressam nossa verdade, o amor serve a nosso propósito, seja ele qual for.

Sim, ainda estou aprendendo a me amar.

Uma vez, conversando sobre perfeccionismo com Sat, meu amigo monge, ele me escreveu: "A busca do aperfeiçoamento é maravilhosa, mas é necessário ser amador, é necessário amar. Como era antes de antigamente, precisamos ser excelentes em uma coisa, e amadores-amados em todas as outras. Uma excelência, ou poucas, para contribuir na sociedade; e aceitar ser amador, aprendiz, amando-se e aceitando-se e melhorando-se, em todas as muitas outras".

Tenho tentado balancear mais os silêncios e as palavras nas minhas conversas; esse processo é difícil, porque gosto muito de trocar e compartilhar e sinto que fui ensinada a sentir falando. Sempre precisei das palavras para assentar meus incômodos. Aprendi a dizer o que preciso aprender a sentir. Enquanto não digo, não sei o que sinto. E também não sei formular antes de dizer.

Todo sentimento parece estar à espera de uma autorização, num abismo da mente, prestes a pular do vazio da consciência para abrir espaço no coração. Mas o voo mesmo só acontece nos diálogos verdadeiros. Quando não os tenho, alguns sentimentos se perdem, almas sem morada vagando por mim. E nessas viagens por caminhos afoitos, deparo mais uma vez com uma desconhecida. Conhecer-me e reconhecer-me. Como é difícil ser amadora na arte de me amar!

Jornada de exploressência

Parte 18

Você já falou coisas das quais se arrependeu? Como se sentiu?
....
....
....

Você é do tipo que fala muito ou se considera mais reservado?
....
....
....

19

Conservar-se

O silêncio não tem pressa

Quando passo por processos doloridos, penso numa frase de Guimarães Rosa que li em *Grande sertão: veredas*: "Ser forte é parar quieto, permanecer". Permanecer ali, com aquele incômodo, o tempo que ele durar e por mais incômodo que seja.

Dayana, amiga que fiz por meio das redes sociais, estudiosa de literatura, contou-me que um dos significados da palavra "permanecer" é "conservar-se". E completou: "Às vezes, ser forte é ficar na nossa conserva emocional, conservando-se. As conservas precisam ser fechadas por um tempo. O mesmo acontece com nossos momentos". Que lindo isto: conservar-se. Ficar em conserva emocional. Pôr-se em repouso, parado, quieto. Deixar o silêncio e o tempo agirem.

De fato não soa fácil fazer isso sendo mãe, chefe, empreendedora, dona de casa. Pois é, não é fácil. Mas o que seria mais importante? Nos dias em que estive mais triste, tentando lidar com minha carência e tristeza pós-entrevistas, eu não conseguia dar atenção a meus filhos e sentia muita dificuldade em fazer reuniões e seguir trabalhando. Tudo o que eu queria eram algumas horinhas para chorar.

Meu amigo Felipe Ispério me disse: "Estou sentindo necessidade de ficar um pouco mais quieto. Desde que participei de um retiro, ficou muito forte, para mim, essa sensação de menos, a começar pela voz. Agora não tenho mais como não ouvir o pedido de ficar mais em silêncio".

O silêncio também tem sido um pedido constante da minha alma. E o que percebo é que o tempo do silêncio é muito diferente do tempo do relógio. O silêncio não tem pressa. Ele pode nos envolver com bastante calma e muita força; e se deixarmos, podemos nos envolver e nos desenvolver muito no silêncio.

Eu, de fato, precisava saber qual transformação nasceria daquele novo processo de lidar com minha voz, com minha carência, com a dificuldade de conter os impulsos de falar demais e com alguns segredos que tinha (e ainda tenho!) medo de confessar a mim mesma.

Em outra mensagem, Felipe disse assim: "Descansa e se entrega a qualquer sensação que precise passar por você. Ela só precisa (e vai) passar. A tristeza é sempre bem-vinda quando aparece por aqui. Se estou triste, permito-me ficar triste".

Tenho tentado seguir esse conselho. É mágico! Ficar com a sensação que tanto me incomoda, convidá-la a entrar, a estar comigo até ela não precisar mais ficar ali. Pode durar um minuto, uma hora, dias, meses. Ter pressa não vai ajudar você a se livrar.

Tempos depois, viajei para a praia, num contrafluxo de feriado. Todo mundo estava voltando para São Paulo e eu estava descendo para o litoral. Quando cheguei, tive medo de não aproveitar aqueles dias por causa da garganta, que continuava arranhando. No dia seguinte, aliás, eu tinha marcado uma aula de canto com a minha professora Carla Sinisgalli, que tem uma técnica maravilhosa chamada "canto curador". Por meio de um processo meditativo, uma música chega milagrosamente à mente. Naquele dia, a música que me veio foi justamente "Garganta", de Ana Carolina.

Essa música e a ajuda da Carla me fizeram entender que eu estava com raiva. Raiva de todo o processo, de me sentir sozinha, de não ter colo de quem eu queria, de não saber lidar com o sinericídio e com os não ditos, raiva por ter me fragilizado, por ter contado histórias que eram verdadeiras, mas mesmo assim machucaram e me machucam. Ao mesmo tempo, a música trouxe minha força de volta. "Aprendi a me virar sozinha [...] E não mudo minha postura só para te agradar."

Tive de abrir mão de muita coisa para hoje estar mais perto de fazer (quase sempre) o que quero. Não foi sem esforço, não foi sem trabalho, não foi sem dor, não foi sem medo; foi com muito amor, com muita força e com muita disciplina. Lembra a definição de disciplina que mencionei? "Disciplina é o processo de encarar a vida de frente e agir sem precipitação." De fato, como está escrito em *Caminho quádruplo*, de Angeles Arrien: "Quando somos discípulos de nós mesmos, honramos nosso próprio ritmo, nosso 'ir passo a passo' natural".

Nosso passo a passo natural é permitir que as sensações nos atravessem. É não nos anestesiarmos para curar as dores antes de estarmos curados. Nosso passo a passo natural é deixar que toda a escuridão das profundezas venha à tona para encontrar a luz da superfície abrindo horizontes internos.

Outro dia, em uma meditação profunda, recebi um recado de Iemanjá: "Não precisa ficar tanto tempo no fundo, minha filha, lembra que você já sabe boiar!".

Naqueles dias na praia, depois de cantar, minha garganta finalmente parou de doer.

Jornada de exploressência

Parte 19

Você sente que a pressa é o ritmo mais frequente em sua vida?
....
....
....
....

Costuma se atrasar para compromissos? Tolera atrasos dos outros?
....
....
....
....

Há alguma emoção sua que precisa de tempo para ser sentida? Mantenha-se alguns instantes em silêncio e refaça essa pergunta a si mesmo. Ainda que não tenha tempo de esperar a emoção passar neste exato momento, tente entrar em contato com ela.
....
....
....
....

Você se permite ficar em conserva, reservar-se? Consegue estabelecer limites? Recusar convites, não responder a mensagens, guardar segredos? Quais são suas maiores dificuldades em relação a isso, se é que existem?

....
....
....
....

20

Divórcio
Como tudo começou a desmoronar

Depois que saí da Globo, não me dei um tempo para não fazer nada. Aliás, sempre tive dificuldade para deixar espaços. As tais lacunas, os hiatos. Logo depois a Soul.Me já estava a todo vapor, fechando grandes contratos, contratando pessoas, criando rotinas mais aceleradas que a minha no Bem Estar.

A verdade é que senti muita falta de um intervalo. Talvez a grande razão seja eu não ter vivido os lutos que a saída da TV trouxe: das amizades, da rotina, da imagem, da identidade de apresentadora, de me sentir parte de uma grande organização, de ter salário e férias, do reconhecimento dos fãs. É sempre bom reforçar que lutos não acontecem apenas em mortes ou tragédias; também os vivemos quando decidimos encerrar determinadas situações.

Esses lutos muitas vezes não são reconhecidos pela sociedade, pelos amigos e pela família, e isso acaba nos desautorizando a senti-lo. Outras vezes, nós mesmos não temos consciência dele ou não nos damos o tempo necessário para vivê-lo. Meu luto se embolou na rotina, nos novos desafios e em um desafio antigo para o qual eu estava tentando evitar olhar havia um bom tempo: meu casamento.

Era muito difícil assumir que eu não estava feliz no relacionamento. Fui completamente apaixonada pelo André. Antes de começarmos a namorar, fomos amigos por cinco anos. Nos conhecemos na Rádio Bandeirantes. Ele era um cara fechado, tímido, reservado e superinteligente, admirado por todos e temido por muitos. As pessoas tinham medo de falar com ele mesmo antes de ele se tornar chefe. Eu, não. Ao contrário: queria conquistar sua amizade, queria que ele se abrisse comigo – eu sentia que, por trás daquela timidez, havia inseguranças e uma pessoa incrível.

Eu e o André namorávamos outras pessoas quando nos conhecemos, e depois nos casamos com outras pessoas quando éramos amigos. Nossos primeiros casamentos aconteceram com menos de um mês de diferença. Eu não fui ao dele. Ele não foi ao meu. Compartilhamos a ansiedade dos preparativos, as incertezas e também a animação que sentíamos por aquela etapa da vida. Também nos separamos com menos de um mês de diferença: eu e Sylvestre, ele e a primeira esposa.

Começamos a namorar pouquíssimo tempo depois disso e, em cerca de oito meses, estávamos morando juntos. Eu sentia que nossa rotina combinava. A presença dele em minha casa era calma, as conversas eram deliciosas, as trocas eram potentes e a admiração que sempre senti por ele nutria o amor. Nunca havia tido tanta vontade de cuidar de alguém quanto senti com o André. Nos dias em que ele chegava mais tarde do trabalho, eu tinha um imenso prazer em deixar a casa arrumada, cheirosa, preparada para recebê-lo. E foi assim também quando mudamos para o apartamento que compramos juntos, ainda na planta, e decoramos exatamente da maneira que sonhamos.

Construir uma casa, planejar juntos como ela seria, sonhar em dormir nela a primeira vez – tudo era delicioso! Mesmo quando tínhamos que decidir o tecido das cortinas e do sofá, o acabamento da cozinha e os armários do quarto, discordávamos pouco. Nossa relação nunca teve grandes brigas. Eu sentia que a gente pensava de maneira semelhante, que encarava a vida de um jeito parecido: éramos ambiciosos, jovens, inteligentes, justos e não poupávamos esforços para conseguir o que queríamos. Eu cresci demais me relacionando com André, como pessoa e como profissional.

Ficamos juntos por sete anos antes de eu engravidar. Na semana em que Miguel nasceu, André foi promovido. Ele era diretor da Rádio BandNews FM e recebeu um convite para se tornar diretor-executivo de jornalismo da TV Bandeirantes. Os planos até então eram que ele chegasse mais cedo em casa para me ajudar com Mig, que tivesse mais flexibilidade na agenda para nos visitar durante o dia, que estivesse mais disponível. Nada disso aconteceu. Ele precisava se dedicar ao novo cargo e, apesar de a transição ter ocorrido na mesma empresa, ele tinha que aprender novas funções, processos e habilidades.

Para mim, foi um misto de alegria e frustração. Trabalhando em TV havia um bom tempo, eu sentia o quanto ele tinha curiosidade e vontade de conhecer aquele ambiente. Sentia que, para ele, aquela era a realização de um sonho, a concretização de um desejo que validava o tremendo profissional que ele é. Mas queria meu marido mais perto, como havíamos planejado ao longo dos nove meses de gestação. Ao perceber que não ia rolar, fiquei triste. Antes mesmo de a depressão aparecer.

Quando a tristeza se somou à depressão, além de triste, eu me tornei amarga, impaciente, irritadiça e intolerante. Eu queria ajuda, mas não sabia pedir. Eu queria ajuda, mas só se quem fosse me ajudar fizesse exatamente do meu jeito. Eu comecei a julgar cada passo que ele dava em casa, o jeito que ele trocava a fralda, a maneira como ele balançava Miguel para arrotar, as músicas que cantava para niná-lo. E não conseguia dizer o quanto tudo aquilo estava me irritando; eu apenas transbordava irritação.

Além disso, a depressão me tirou completamente a libido. Eu estava com a autoestima no chão, sentindo-me horrorosa com aqueles sutiãs de amamentação, as cintas para segurar a barriga e o corte da cesárea, cheirando a leite e absolutamente exausta. Comecei a não ver razão no sexo.

Mesmo assim, jamais pensei em me separar.

Aos poucos fui melhorando, aceitei ajuda para cuidar de Miguel, tudo entrou em uma rotina mais conhecida e a gente foi retomando a vida. Mas, hoje, olhando para trás, sinto muita falta de ter tido a clareza que, na época, teria me ajudado a conversar com André sobre tudo isso. Tínhamos diálogos incríveis e fluidos, e hoje sei que nunca permiti que ele visse, de verdade, meu lado mais sombrio, minhas fragilidades, minhas fraquezas mais doloridas. Eu sempre tive medo de parecervulnerável.

Quando fiquei grávida de João, tive uma superconexão com meu lado feminino. A dança me ajudou, assim como a fisioterapia pélvica, a participação em círculos de mulheres e o parto natural. Eu estava me sentindo potente de novo como mulher, e isso significava que poderia olhar novamente para o homem potente que tinha em casa. De igual para igual.

Durante a licença-maternidade de Miguel, um dos maiores desafios foi ficar dentro de um apartamento em São Paulo. Por mais que gostasse de casa, sentia uma saudade sem tamanho do horizonte, do mar, da natureza. E, com a depressão, arrisquei-me muito pouco a viajar. Quando João estava para nascer, Fernando Rocha me contou que estava alugando uma casa no interior paulista, e aquilo me acendeu uma luz: eu queria ter uma casa no interior para passar a segunda licença-maternidade. Começamos a procurar. Visitamos várias casas em Itu, cidade em que passei boa parte da infância, onde meu avô materno tinha um sítio delicioso.

Nenhuma fez o meu coração bater mais forte, até que entramos em uma e Miguel disse: "Já escolhi meu quarto". Eu tinha sentido a mesma coisa: era aquela casa. João foi para lá a primeira vez com menos de um mês. Amamentar de frente para um jardim imenso, com árvores que conversavam comigo e me acalmavam, fez com que eu vivesse a licença-maternidade de maneira mais serena. Mesmo quando voltei a trabalhar, saber que Itu estava logo ali me acalmava a alma.

O curioso é que, olhando as fotos que tenho guardadas no celular, quase não me vejo com André. Os meninos tomavam praticamente todo o meu tempo: João mamando e Miguel demandando atenção para não se sentir excluído. Começamos a convidar amigos para a nossa casa nos fins de semana – normalmente pais de amigos de Miguel para que ele se entretivesse com os colegas de escola. Era uma delícia, mas sinto que eu e André fomos perdendo espaço de intimidade. Quase não ficávamos sozinhos. Nem nós dois. Nem nós quatro. Estávamos exaustos e sem muito tempo para nós, por causa dos trabalhos e dos filhos. Enquanto um brincava com os meninos, o outro tirava uma soneca ou ia dar uma caminhada.

Eu usava as caminhadas para meditar. Nunca meditei tanto quanto nessa época. Na realidade, também foi um período muito importante para a retomada do meu caminho espiritual. Eu sentia uma força no terreno daquela casa em Itu. Tive ali meditações tão reveladoras que às vezes era até difícil retomar a rotina.

Foi nessa época também que comecei a frequentar retiros e me conectei com outras pessoas que buscavam por autoconhecimento e autodesenvolvimento. Conheci pessoas incríveis de maneira mágica – as sincronicidades passaram a fazer parte da minha vida como presentes diários.

André seguia trabalhando muito. O dia a dia no jornalismo da TV não é fácil. Várias e várias madrugadas fomos acordados com o celular dele tocando com o aviso de um incêndio, um crime, um desabamento, um terremoto ou coisa parecida.

Chegamos a ir para um retiro juntos e André também começou a meditar, mas mesmo assim, eu senti muita dificuldade de me conectar com ele. Na nossa relação, eu estava começando a falar só de coisas desagradáveis. Percebia que conversava de um jeito com meus amigos, de maneira mais serena, e que, quando chegava em casa, compartilhava com ele as partes negativas do dia.

Aquilo começou a me incomodar.

Em 2018, quando a ideia de sair da Globo começou a ficar mais nítida para mim e a jornada do Unboxing.Me rolou, o trabalho deixou de ser o elo entre nós. Eu já não tinha interesse em saber o que estava acontecendo no dia a dia dele na TV e sentia que ele estava distante demais do que eu estava começando a fazer.

Para deixar tudo ainda mais complexo, em 2019 comecei a sentir uma saudade desmedida de uma de minhas melhores amigas, a Ana. Ela viajou para o Peru e ficou sem celular por quase quinze dias. Nesse período, em alguns momentos eu precisava parar tudo o que estava fazendo porque a sentia conversando comigo. Era como se ela quisesse me contar o que estava vivendo por lá. Eu também queria contar para ela o que estava rolando em minha vida. Até aí, tudo bem, a gente se encontrava praticamente toda semana para almoçar, era normal sentir falta. Mas notei que era mais forte que isso, era uma conexão difícil de explicar.

No dia em que ela voltou do Peru, aconteceu um encontro do Unboxing.Me. Eu estava meditando para começar o evento e senti quando ela entrou na sala. Lembro-me da roupa que ela estava vestindo e de meu coração disparando. Eu não tinha coragem de olhar para ela. Estava apaixonada pela minha melhor amiga? A dúvida ficou na minha cabeça por meses. Um daqueles incômodos torturantes.

Em julho de 2019, pela primeira vez tive coragem de ter uma conversa com André sobre separação. Foi muito rápido, na cozinha de Itu, antes de os filhos aparecerem para o café da manhã. O resumo da conversa, pelo menos para mim, foi: o que estamos fazendo juntos? Faz sentido continuarmos desse jeito?

Eu me sentia culpada por ter tantas dúvidas na cabeça. Olhava João e Miguel e tentava imaginar o que aconteceria com eles se a gente se separasse. O meu maior medo de infância era que meus pais se separassem. Como podia fazer isso com meus filhos? Mas como ficar em um casamento que não fazia mais sentido?

No fim do ano, fui convidada a fazer um curso de autoconhecimento em Portugal, e André queria muito ir ao Web Summit – grande evento de tecnologia em Lisboa. Fui uma semana antes. A semana que passei sozinha foi um grande alívio. Foi um respiro, um intervalo. Consegui perceber o quanto precisava daquele espaço para dar vazão ao que eu estava sentindo: eu realmente estava apaixonada pela Ana.

Em Lisboa, eu e André estávamos hospedados em um hotel superbacana perto do local onde aconteceria a conferência. Lembro-me de irmos para o quarto, que ficava em um andar alto, e ele olhar pela janela e ver o Rio Tejo. Ele estava muito feliz, havia sido convidado para um novo desafio no Grupo Bandeirantes e se sentia orgulhoso. E eu, na verdade, não queria estar ali. Essa sensação de desconexão foi horrível.

Os dias em Lisboa foram cansativos, mas, com tantas palestras no Web Summit, eu conseguia me distrair em meus próprios pensamentos. Depois, seguimos para o Marrocos e em seguida para o deserto do Saara. Eu sabia que aquela viagem era a última tentativa de fazer o casamento dar certo. A companhia de André em viagens sempre foi muito gostosa; a forma como ele olhava para o mundo, as reflexões que fazia a respeito do que via e as relações que criava entre o que descobria e o que já conhecia sempre me fascinaram. Tivemos conversas interessantes, visitamos lugares incríveis, mas meu corpo me dizia o tempo todo que eu não queria que ele se aproximasse.

A gente até consegue enganar a mente. Ou melhor, a mente consegue nos enganar. Mas o corpo não mente.

Quando chegamos ao deserto, saímos para um longo passeio de camelo. No meio do percurso, onde estávamos apenas nós dois e mais dois guias – um deles nômade e o outro um sábio absolutamente perceptivo –, almoçamos e tiramos uma soneca em um oásis com palmeiras e um pouco de sombra.

Foi um dos sonos mais profundos da minha vida. Senti como se dormisse na casa da minha avó, um sono de criança, absolutamente restaurador. Quando acordei, ainda um pouco impressionada com a intensidade da sensação, o Moostapha, nosso guia, estava sentado ao meu lado e me perguntou: "E agora, o que você vai fazer?".

Levei um susto. Eu tinha certeza de que ele estava falando sobre meu casamento, mas perguntei: "O que vou fazer? Vamos continuar a caminhada, não?". Ele insistiu, deu-me uma pedra em formato de terceiro olho e completou: "Para que não se negue mais a enxergar".

Eu fiquei desconcertada com a conversa. Será que era tão nítido assim? Mas eu não sabia a resposta. Eu não sabia o que fazer. Eu estava morrendo de medo de voltar ao Brasil e encarar a realidade.

Alguns passos depois de retomar a caminhada pelo deserto, avistei um corvo pousado em uma duna, mais ou menos a duzentos metros de onde estávamos. Deixei o grupo seguir na frente e comecei uma conversa mental com o corvo, para que ele me guiasse.

Apesar de parecer um pouco arrogante e impertinente, eu tinha convicção do que estava fazendo e de que aquele diálogo estava realmente acontecendo. Alguns minutos depois, o corvo saiu da duna e voou até muito perto de onde eu estava caminhando, mais ou menos a uns três metros de distância. Ele rodava na minha frente fazendo o símbolo do infinito. Batia minimamente as asas e aproveitava a corrente de ar quente para, de asas abertas, voar. Fez isso por um bom tempo, até que eu entendesse o recado: para voar, é preciso estar de coração aberto. Se demanda esforço, está errado. Eu estava fazendo muito esforço para manter meu casamento com André. Eu precisava voar. Eu queria abrir novamente meu coração para o amor.

Na semana seguinte, de volta a São Paulo, chamei André para uma conversa e disse: "Estou apaixonada pela Ana e quero me separar".

Jornada de exploressência

Parte 20

Você se permite fazer intervalos?

....
....
....
....

Em quais situações da sua vida você sente que precisa de mais espaço?

....
....
....
....

Neste capítulo, contei sobre minha conversa com um corvo. Você se permite conversar com animais ou com outros elementos da natureza? Que ensinamentos já recebeu dessa forma?

....
....
....
....

21

A implosão da família
Encarando meu medo

Depois que falei com André, tivemos conversas difíceis, mas bem generosas. Eu me sentia compreendida e achava que, de alguma maneira, podia ouvir e acolher a dor dele. Uma das coisas que a gente mais discutiu foi a melhor maneira de contar para os meninos. Pedimos dicas para a psicóloga de Miguel e decidimos deixar passar o Natal e o Ano-Novo. Falamos com eles no dia 27 de janeiro de 2020.

Naquela segunda, André já estava em casa quando voltei da fisioterapia. Na varanda, jogamos um jogo de implosão no qual cada jogador lança o dado; se sair uma bomba, todos podem cair. *A implosão da família*, pensei.

Naquela semana, eu havia comprado geladeira, fogão, máquina de lavar, micro-ondas e uma balança para a casa nova, e o chão balançava inteiro quando cheguei ao apartamento onde até então vivia com André. Eu me sentia no meio do caminho. Deixei o colchão para depois, sem decidir a densidade ou a maciez. Eu me deitei na varanda e vi tudo girar. Com a cabeça apoiada na almofada de meditação, pensava sem parar: *é só disso que preciso agora, um lugar que eu reconheça como meu.*

Logo depois de a gente terminar o jogo, André disse: "Hoje e o momento em que você me contou que queria se separar foram os piores". Para mim, foram momentos de descompressão, em que a dor pôde finalmente vir à tona. Em que, enfim, coloquei para fora o que me sufocava.

Nós nos sentamos no tapete da sala, os quatro. Uma almofada para cada um. Já havíamos começado o assunto no jantar. Eu dei início, dizendo que a gente queria conversar sobre algo, e André reagiu com o olhar de reprovação, lembrando-me de que a psicóloga havia dito que não devíamos falar do assunto durante a refeição, porque isso poderia gerar nas crianças algum tipo de trauma em relação à alimentação.

— O que vocês querem conversar? — perguntou o Mig.

— Quais são as famílias que vocês conhecem? Como elas são? Tem família com dois irmãos...

E Miguel seguiu:

— A sua família era a vovó Bia, o vovô Jorge e o tio Rafa.

— E quando a vovó morreu, passou a ser a vovó Pi, o vovô Jorge e o tio Rafa — respondi.

— É, mas você não chama a vovó de mãe.

— Sim, porque mãe só tem uma.

— Pai também — complementou André.

Falamos de mais algumas formações familiares, acabamos de jantar e fomos para o tapete. Eles queriam ler uma história para dormir.

— A gente vai ser uma família diferente agora. A gente vai ter mais uma casa.

— Jura? Vocês alugaram outra?

— Alugamos.

— Três casas?

— Mamãe vai morar em uma, e o papai, em outra. E vocês vão morar nas duas.

— Mas não é caro?

— É, é mais caro.

— Então, por quê?

— A gente vai continuar sendo uma família. A mamãe vai continuar sendo a mamãe e o papai vai continuar sendo o papai. A mamãe e o papai vão continuar amigos. Mas não vão mais namorar.

— Vocês não vão mais namorar? Por quê? A gente não pode ter três casas e vocês continuarem namorando?

— A gente se ama agora apenas como amigos.

— Mas a casa já está pronta?

— Ainda não. A casa ainda está em reforma.

— Então vai demorar.

— Vai ser na semana que começarem as aulas. E vocês vão poder escolher um quarto novo.

— Vão poder escolher alguma coisa daqui para levar para a casa nova e comprar algo novo para cá.

A essa altura, Miguel estava com olhos marejados, girando um *spinner* e tentando encontrar um jeito de tudo aquilo parecer legal, olhando para cima para não chorar.

— Você ficou triste, Mig? — perguntei.

— Vocês estão se separando?

Ele disse a palavra que a psicóloga tinha dito para a gente não dizer, deitou-se no meu colo e desabou a chorar. João também deitou e chorou junto.

— Eu não entendo por que, se vocês querem se separar, a gente tem que mudar de casa.

Foi a maior lição de empatia que eu já tive. Fazia sentido: se eu tinha tomado a decisão, por que eles tinham de sofrer as consequências?

Depois desse diálogo, os três foram para o quarto escovar os dentes enquanto eu fui tomar banho e chorar. Quando voltei para a sala, estavam fazendo divisão de Pokémons. Só depois que os dois dormiram, André desabou. Num choro de raiva e frustração. Conversamos um pouco e ele foi embora.

No dia seguinte, quando Mig acordou, ele me disse:

— Mamãe, sabe por que chorei ontem à noite? Porque eu estava lembrando dos momentos que a gente passou nós quatro. Tipo quando eu falei minha primeira palavra... ou a primeira palavra do João.

— Ainda teremos muitos momentos nós quatro. A gente vai fazer de tudo para isso acontecer.

Mas até agora, pouco mais de dois anos depois da separação, tivemos pouquíssimos desses momentos a quatro.

Jornada de exploressência

Parte 21

Qual foi seu maior medo na infância?
....
....
....
....

Você sente que já teve uma conversa difícil com alguém que ama muito? Como foi? Conseguiu dizer tudo o que queria?
....
....
....

22

O (re)encontro

Não dá mais para me distrair de mim

O que você precisa saber?

Que eu tinha certa relutância em aceitar que era romântica. Dizia que não gostava de flores. Nunca sonhei em me casar na igreja.

Igreja, aliás, sempre me proporcionou um misto de opressão e temor. Igreja sempre me deixou sem jeito — pelo não saber me comportar. Na igreja ajoelha-se e pronto.

E pranto.

Quem escuta? Deus? Deus está dentro. E é dentro de Deus que quero me casar. Casar-me com a vida que Deus me deu.

Não brinca em serviço? Meu Deus brinca. Aliás, adora brincar. Meu Deus também chora. E honra meu mar.

Foi então que me casei errado, seduzida por um azul-esverdeado.

Num pedaço de oceano onde estava entalhado: *via dell'amore*.

Aquela curva da estrada que nos pega sem gasolina. Onde a fome aperta. Onde moram o medo de não chegar e o de partir.

Se fosse hoje, eu diria que é ali o lugar de ficar. "Ser forte é parar quieto, permanecer."

Mas às vezes a gente se acha bicho: esquilo, coelho, borboleta. A gente foge, arredio, da gente mesmo.

Foi aí que lá atrás não vi que tinha na mesma curva o abismo. Um penhasco. Daqueles em que pedra nenhuma resiste. Em que, quando o mar insiste, tudo deságua.

E eu insisti e me casei e descasei. Rápido como pirajá que molha o convés. Foi dor de pontada de agulha no entre unha e pele. Foi duro e no peito.

Refeita? Fiquei de me apaixonar. Tem dor que só se cura junto. É o outro que mostra do que a gente é capaz.

E vivi um amor bonito. Daquele que tinha contrato escrito. Contrato que a gente escreveu por querer. Brincando de ser criança e adulto ao mesmo tempo. E foi lindo. Me deu vontade de cuidar, de cozinhar, aterrissar e me aninhar. Me dava sempre vontade de voar. Junto.

E, quando embarcávamos, meu chão ia comigo. Não deixava saudade para trás.

E casamento? Teve aliança trocada na cama. Um sem jeito, num quarto pequeno – parecia apertado pra gente.

Eu queria mais.

Ali precisava assumir que era romântica.

O certo mesmo seria ter feito algo maior? Mas sonhamos. E construímos. E encontrei meu ninho, enquanto ele se preocupava com pinturas, estruturas, fios e vazamentos. Eu, deitada. Pôr do sol na varanda, toda ajeitada. Ele se espantou com a minha calma.

Mas nada me abalava porque ela estava casada comigo. E dava gosto de chegar em casa. Era minha. Era nossa. Do nosso jeito e com o nosso cheiro. Colocamos na prateleira livros que nunca lemos. Compramos alguns grandes para fazer bonito e para agradar aos olhos. E gastamos dinheiro com flores por um bom tempo.

Na varanda as luzes do bairro me diziam que era ali. E foi ali que os filhos nasceram. O primeiro feito longe, na Tailândia. E eu senti: o dia, a força, a luz — minha transformação de ser mãe. Ele não acreditava que eu já sabia que estava grávida.

E ali fomos começando a nos separar.

Eu puro instinto. Matéria bruta que é tudo ao mesmo tempo.

Ele tinha ficado para trás, preso em sonhos profissionais não realizados.

Até o dia do parto eu previ. E nas meditações eu via as mãos, os pés, a barriga, a força do menino que carregava comigo. E o menino me preparava para mim. E, na semana em que ele veio, o marido foi promovido. Era para ter comemoração em dobro, mas eu não queria dividir. Queria nossa atenção toda voltada para o fim da barriga e o começo da nova vida.

Se as manhãs eram longas, as tardes eram infindas. Eu sozinha. A cria criando a solidão que eu temia. Minha mãe se desexistindo a cada dia. Aquele luto novo que subia engasgado num choro doído que eu tentava dançar com o filho pendurado.

"*Please don't worry, about a thing*", mas eu me preocupava com tudo. Eu não me achava mais em mim. O ninho ocupou-se de me ocupar tanto que perdeu seu aconchego.

E eu me perdia todo santo dia.

E eu me aprendia todo santo dia.

Até que, enfim, pedi ajuda.

E ajuda é feito linha que entra na agulha: cerze devagar, mas aumenta a ternura.

E aquela fundura foi ficando mais rasa.

Aprendi a ter mais remos, a temer menos.

Deixei gente entrar na canoa – babá, enfermeiras, amigas.

Entrei de volta nos meus rios e nos meus afluentes, me deixei banhar de amor.

Ele parecia me olhar das margens, das brechas do paletó com nó alargado da gravata. Tinha dó, chegava cansado. Eu competia: qual cansaço é pior?

E o amor que teme ser amor sai como raiva, explode como dor. Eu me enfurecia. Achava que meu jeito era o melhor. E me fechei. Me irritei.

Me culpei.

Como eu podia?

E voltei a trabalhar. Será que ainda sabia? Falta achava que eu não fazia. Jazia minha cadeira vazia. Meu lugar ocupado por outra. Meu ego destronado. Minha identidade desaparecida.

O que foi aquilo? Foi de doer o tudo em todos os lugares. Foi de adoecer sem notar. Foi de esmorecer e não mais me enxergar.

"Los únicos vencidos, corazón, son los que no luchan." E lutei. Busquei minhas armas dentro do meu mais fundo.

Reencontrei-me no meu ritmo e na minha música. Mulheres me ajudaram a dançar esta dor que já foi a dor de muitas. E a solidão foi saindo *despacito*, deixando o rastro de uma força desconhecida.

Lá estava eu preparada para preparar outra pessoa.

E nasci. Junto com o segundo, nasci mulher antes de ser mãe e me entendi no abandono de me abandonar na função materna. Em qualquer função não se deve abandonar-se, em qualquer função é preciso antes reconhecer-se. Fundação primeva daquilo que sou.

Ergui novos pilares, refiz as estruturas, repintei o meu rosto e o nosso quarto com perfume.

Ele voltava e não entendia. Parecia querer, mas não me alcançava. Talvez eu tivesse voado alto demais. Não cabia mais. Mas também não me prendia.

Nunca mais.

E é o que preciso lhe dizer: sou livre.

Apenas porque sou inteira.

Juntei-me.

E se quebrar de novo, consigo me montar.

Minha caixa de costura tem um altar com velas vermelhas e amarelas. Tem incenso e almofada. Tem deusas e pedras. Tem terço de avó e foto de bonecas. Tem espaço na janela da minha alma.

Mas preciso preservar minhas pausas. Às vezes só me entendo no meu sozinho.

Foi quando bati o portão da casa em que moro que me dei conta de um novo jeito de estar sozinha. Era quarta-feira. A primeira quarta-feira da guarda compartilhada. Havia acabado de deixar os meninos na casa do André e pensei: *Não tenho mais como fugir de mim, não dá mais para escapar.*

Caí em choro profundo. Era a primeira oportunidade, já com a casa nova ajeitada, de viver o luto de um casamento terminado. Com os filhos, até então, era fácil me distrair de mim: preparar almoço, vestir para a escola, levar à escola, busca na escola, preparar festa de aniversário, conversar no grupo de mães, preparar jantar, dar banho, ajudar na lição, brincar, ler história, fazer carinho até dormir, às vezes (quase sempre) dormir no quarto deles antes mesmo de eles dormirem.

É tão possível – até provável – a gente se esquecer da gente na maternidade. É o álibi perfeito, a fuga por um caminho conhecido e reconhecido como nosso, como natural, como permitido e até mesmo esperado.

Mas agora eu tinha metade da semana para mim. Sozinha. E ainda faltava desaguar um luto que eu nem sabia de que tamanho era. Uma vez me disseram que o luto pelo fim do relacionamento pode nem ser tão grande, mas o luto pelo fim da família dói demais. Para mim não foi assim. Senti o luto pelo fim de uma história na qual não só acreditei, como ajudei a escrever por muitos anos. Eu adorava a minha história com André.

Eu destruí a história que ajudei a construir? Nem preciso dizer que isso passou muitas vezes por minha cabeça. Veio a culpa. Uma culpa amarga por destruir algo em que eu mesma havia depositado tantos sonhos. Uma culpa por destruir o sonho do outro. Uma culpa por ferir alguém que amei por tanto tempo. Uma culpa por achar-me fraca, por pensar que poderia ter me esforçado mais, ter aguentado, ter tentado reverter a situação. Fiz, porém, o que pude. Depois, mesmo perdoando minhas culpas com muito silêncio, com muito choro, com muitas meditações e tantos outros momentos de carinho e autocuidado, o fim da história doeu.

Senti falta da casa. Senti falta das conversas. Senti falta das trocas. Senti falta dos sonhos comuns. Senti falta de me entusiasmar com o entusiasmo dele. Senti falta de ele se emocionar com a minha emoção. Senti falta do colo conhecido, do cheiro, da rotina. Senti falta de compartilhar as conquistas dos meninos com alguém que ficasse tão orgulhoso como eu. Senti tantas faltas que nem sei enumerar. E, estando apaixonada, já em outra relação, às vezes sentia falta do tempo para sentir todas as faltas.

No começo da separação, nos primeiros meses, nossas conversas fluíam e eu pensava que poderíamos ser amigos. Mas o tempo passou e acabei percebendo que a relação tinha acabado, que as conversas não eram mais possíveis, que a raiva que ele guardava ainda corroía.

Uma vez a gente discutiu pela compra de material escolar. Dirigi chorando, extremamente brava, decepcionada, irritada e triste por termos tido uma discussão tão boba e tão grande ao mesmo tempo – ainda por cima, na frente dos meninos. Quando cheguei em casa, depois da reunião, ele havia me mandado uma mensagem dizendo: "Mariana, liga para o Miguel e diz como você está, OK? Ele pegou elevador chorando, ficou muito assustado pela maneira desequilibrada como você saiu".

Tentei ligar para falar com meu filho mais velho, mas André atendeu dizendo que estava em reunião. Pedi que, pelo menos, passasse o telefone para o Mig, mas ele se negou. Depois de uma hora, ainda muito triste, encontrei um texto na internet que achei que podia nos ajudar e o enviei para o André pedindo que ele lesse quando possível. Enviei o texto porque sentia que estávamos precisando escutar as nossas dores para, talvez, reconhecer as dores do outro. Enviei na esperança de encontrar um caminho para que a comunicação ficasse menos truncada, para que corrêssemos menos risco e, especialmente, para tentar preservar o bem-estar das crianças.

Depois de algumas horas, liguei de novo. André atendeu, e eu contei que havia enviado o texto pensando que talvez fosse um caminho interessante para a gente se entender. Ele respondeu: "Caminho? Que caminho, Mariana? O único caminho possível foi o que você tomou quando saiu desta casa, quando acabou com a nossa família". Depois dessa frase, ele ainda ficou durante mais de meia hora falando alto e colocando para fora uma raiva represada, até que percebeu que eu não estava falando nada. De fato, decidi não falar. Decidi respeitar nossa dor, a dor de cada um.

Aquelas explosões – a minha e a dele – foram necessárias. A raiva é uma emoção que exige posicionamento. Foi nesse dia de muita dor que entendi o cenário, que me situei na realidade. Ali ele me mostrou um limite que já estava querendo estabelecer havia muito tempo, um limite traçado pela tristeza, pela frustração, pelos lutos e pela raiva. Ele indicou que não queria mais nenhuma relação comigo.

Foi ali que compreendi que, ao menos naquele momento, não adiantava eu tentar conversar, porque ele ainda não estava disponível para isso. Eu sigo com a esperança de que um dia isso será possível. E é em dias assim que o luto volta como tsunâmi. Sinto que nessas horas não há o que fazer, que é preciso sentir a dor. Permitir-me ficar à deriva.

Naquele dia, quando me recuperei, escrevi novos acordos em um caderno. Acordos para me proteger daquela dor, para baixar minhas expectativas, para não ser atingida por uma nova enxurrada de mal-estar. Tem funcionado. Mas ondas de luto ainda me assolam quando me dou conta de que meus filhos são crianças e de que tenho passado metade da vida deles sem eles. Não ser mais testemunha da vida dos dois em tempo integral é doído. Como mãe, às vezes sinto essa ausência esgarçando meu peito. Perceber que eles estão vivendo experiências que talvez eu nunca saiba que viveram é desafiador. A primeira vez em que eles foram para a praia com amigos que temos em comum, junto com o pai e a madrasta, foi um misto de raiva, ciúme, inconformismo, rejeição e frustração.

Hoje, porém, prefiro pensar que tem alguém lendo uma história para eles dormirem a imaginar que alguém pode lhes fazer mal. E tenho certeza de que eles adoram a madrasta. Isso me conforta, me tranquiliza. Mesmo assim, já perdi a conta de quantas vezes chorei ao perceber, já na cama, que o quarto deles, do outro lado do corredor, estava vazio. Fico entristecida ao imaginar que eles podem sentir falta de uma completude como a que eu sentia em momentos simples de almoço e jantar, com meu irmão, meu pai e minha mãe.

A verdade é que, por mais que nos preparemos para uma separação, acho que nunca estamos de fato prontos para ela. A cada instante, vamos nos descobrindo nas faltas.

Jornada de exploressência

Parte 22

Você já teve explosões de raiva? Consegue descrever situações que o deixam muito irritado?

....
....
....
....

Existe alguma relação em que você precisa se posicionar? Que tal escrever novos acordos consigo mesmo sobre essa relação?

....
....
....

23

O tambor e o celular

Agenda lotada *versus* desejo de desacelerar

Sou colunista da revista *Claudia* e, em um dos textos que publiquei em 2022, contei que alguns dias na minha casa são o verdadeiro caos. Na maioria das vezes, essa sensação me invade quando a noite de sono foi curta ou interrompida. O despertador toca, o coração dispara. Nesses momentos, a minha impaciência grita dentro de mim feito um cão aprisionado em coleira curta.

Se já é difícil lidar comigo mesma nesse estado, encarar a necessidade do outro é ainda mais desafiador. Foi em um desses dias que meus filhos acordaram reclamando: João fez manha dizendo que não queria ir para a escola, Miguel levantou-se e começou a esbravejar que não faria a lição de casa.

Quando me dei conta de que a única coisa que Mig queria era alguém para ouvir suas reclamações, testemunhar quão difícil era naquele momento vencer as resistências e escrever a redação, decidi ouvir mais uma ou duas frases e sair de cena.

Para não me atrasar ainda mais, corri para tomar banho. Ao descer as escadas, silêncio. Ninguém mais chorava. A tensão parecia ter sido rompida pela água do chuveiro. Miguel sorria e comia um caqui.

— Conseguiu, filho?

— Sim, mamãe, e eu matei o personagem.

Não consegui conter a gargalhada e o orgulho!

Quantos papéis nos afligem, nos colocam no caos, criam resistência e a gente continua mantendo? Alimentando com palavras vazias narrativas próprias que, sabemos, não vão dar em lugar algum. Por que não abandonamos de vez esses personagens? Por que não vamos direto ao que nos faz feliz? Por que ficamos presos aos redemoinhos que nos afastam da alma da calma?

Escrevi essa coluna quando questionava meu papel na Soul.Me. Apesar de ter criado a empresa e de ela representar um grande sonho, eu sentia que ela havia se tornado, de alguma maneira, um tipo de prisão para mim. Meus papéis de chefe, líder e administradora estavam drenando toda a minha energia. No começo foi bem gostoso, claro, mas, depois de três anos, a curiosidade foi substituída por uma certeza: não nasci para isso.

Meu tesão é tocar o coração das pessoas – escrevendo, criando conteúdo, fazendo entrevistas, observando a vida e a natureza e, a partir daí, criando reflexões generosas e provocativas que possam gerar transformação. Meu tesão é gerar vínculos e viver essas conexões de forma intensa. E descobri que, para isso, preciso viver no meu ritmo, de acordo com minha própria cadência. Não consigo me adaptar à aceleração insana que a sociedade normalizou.

Certa vez estava em uma roda de música indígena em um evento, e um dos músicos perguntou à plateia: "Quando vocês eram crianças e a professora pedia para vocês desenharem a natureza, o que vocês desenhavam?". As pessoas responderam: árvores, pôr do sol, montanhas, mar... E ele completou a pergunta: "Alguém pensou em desenhar um ser humano?".

Pois é, nós somos natureza! E nada na natureza produz o tempo inteiro. Nenhuma planta dá flor o ano todo. Nenhuma árvore dá fruto o ano inteiro. A natureza respeita os ciclos, e cada espécie segue sua própria cadência.

Muitos de nós, humanos, nunca aprendemos a descansar. Eu tive a agenda lotada desde criança: com aulas de dança, inglês, natação, fisioterapia, handebol. Até hoje me culpo quando não tenho nada para fazer. Sinto muita dificuldade de lidar com o tédio. Ocupo meu tempo com leitura, arrumando a casa, resolvendo pendências, respondendo a e-mails ou, até mesmo, conferindo as redes sociais.

No entanto, quando estou criando, preciso de tempo, um tempo estendido. Mergulho nos textos, nos livros, nas meditações. Às vezes, desligo o computador para mexer o corpo, sentir como aquilo que estou pensando reverbera dentro de mim. E no caso da Soul.Me, como eu era a cara da empresa, quase todas as entregas dependiam da minha disponibilidade, do meu tempo. Comecei a perceber que, como líder, além de me sentir sozinha, eu era obrigada a tomar decisões para as quais não me sentia preparada. Então a equipe cresceu, assim como o custo fixo da empresa. E aí apareceu outra demanda: a demanda do capital. Essa talvez seja a grande responsável pela vida de zumbi que tanta gente leva. Precisamos pagar para sobreviver. E se precisamos sobreviver, nada mais importa. A sobrevivência é a mãe de todas as necessidades.

Quando pedi demissão da Globo, senti muito medo de não ter dinheiro no fim do mês, mas naquela época estava casada e havia combinado que André seguraria as pontas. Não precisou: em três anos de Soul.Me, ganhei mais dinheiro que na época de televisão; ao mesmo tempo, gastei mais para fazer a empresa ficar de pé e crescer. E, claro, depois da separação, assumi os gastos de casa sozinha.

Comecei a entender o quanto eu estava cansada de prover, de resolver, de fazer. Tenho muita energia; sou, de certo modo, até compulsiva por criar, idealizar e realizar. Porém, cada vez mais sentia necessidade de dar espaço para o ritmo do meu coração assumir a cadência da minha vida. Isso ficou evidente quando minha terapeuta me propôs o seguinte: "Escolha dois objetos, um para representar a Mari que não precisa mais ser vista por 10 milhões de pessoas, que pode viver no anonimato; outro para representar a Mari que ainda sente medo de ser invisível para o mundo. Faça um diálogo entre os dois".

Quando terminei o exercício, tive certeza: precisava desocupar espaços. Precisava ficar apenas com o que fazia sentido. Precisava respeitar o meu ritmo interno.

Como diz o percussionista nigeriano Babatunde Olatunji: "De onde eu venho, dizemos que o ritmo é a alma da vida, porque todo o universo se movimenta em torno dele; quando saímos do ritmo é que surgem os problemas".

Jornada de exploressência

Parte 23

Escolha um objeto que represente o ritmo de vida que você leva. Escolha outro que represente o ritmo de vida que você gostaria de levar. Consegue escrever um diálogo entre esses dois objetos? Quais foram as suas conclusões?

....

....

....

....

… 24

Namorar uma mulher

Paixão pela melhor amiga

Não importava o horizonte, a estrada ou o caminho, eu e a Ana sempre reparávamos nos mesmos detalhes. Nossa amizade começou em um evento para mulheres empreendedoras. Nós duas no mesmo painel – ela com a missão de "defender" o mundo corporativo, e eu falando publicamente sobre meditação, autoconhecimento e exposição de vulnerabilidade. Na época, eu ainda trabalhava na Globo.

Havia outras mulheres, e a plateia do lado de lá da sala. A palavra estava comigo: "Por exemplo, essa pessoa", eu disse, apontando para ela. "Essa pessoa está me incomodando desde a hora em que cheguei: ela me olha com uma cara enigmática de quem está achando uma merda tudo o que estou dizendo; ela está com um tênis roxo, que eu nunca seria capaz de combinar com nada, com o cabelo pretensiosamente desarrumado, mas parecendo chiquérrima."

Ela me olhou com uma expressão ainda mais enigmática, mas senti um sorriso tentando se alargar. Ana me incomodava porque seu ar altivo me fazia imediatamente querer sua aceitação. Era como se ninguém mais me importasse.

Depois que mencionei esse incômodo publicamente, nós nos tornamos melhores amigas. Montamos um grupo para falar sobre o evento, que havia sido, além de um sucesso, uma espécie de renascimento – pelo menos para mim. Passados alguns dias, as mensagens no grupo silenciaram, mas nós duas continuamos conversando em almoços, nos intervalos de trabalho. O escritório dela era muito perto da Globo, o que facilitava nossos encontros. Mas o que mais fazíamos era trocar textos, poemas e fotos.

A cada olhar, além da certeza de que nosso jeito de ver a vida era mais parecido que o da imensa maioria das pessoas com quem eu já havia cruzado, vinha um doce estranhamento.

De todos os momentos que compartilhamos, o mais impressionante foi o dia em que ela me contou um sonho: "Era uma festa em um gramado, com cachorros correndo. Um dos cachorros havia machucado um carneiro, que estava com a pata esquerda quebrada". Quando ela me contou isso, eu estava em Portugal e, no meio da tarde, visitei uma igreja na cidade do Porto. Levei um susto depois de subir até o campanário: pintado nos azulejos à minha frente havia cachorros correndo em um gramado e um carneiro. A pata esquerda, na divisão de dois azulejos, parecia quebrada. A cena do sonho da noite anterior estampada no dia seguinte. Mais de 8 mil quilômetros entre o Porto e a capital paulista. O que eu experimentava com ela era essa ausência de distância e um tempo comum, ainda que os relógios estivessem em fusos diferentes. Isso tem nome? Conexão espiritual, vidas passadas?

Não faço ideia, mas a sensação se intensificava quando, juntas, fazíamos rituais à beira da fogueira ou meditávamos ao mesmo tempo – o que sempre tentávamos, ainda que estivéssemos longe uma da outra.

Numa sexta-feira, para comemorarmos o Dia de Pachamama, a Mãe Terra, ficamos mais de três horas sem falar. Havíamos levado grãos, doces, conchas, tecidos, fitilhos e bebidas em oferenda. Colocamos uma *playlist* e, no exato momento em que o ritual acabou, sem que tivéssemos combinado previamente, uma música que simbolizava tudo o que tínhamos acabado de viver ali começou a tocar. Choramos, mas não tivemos nem mesmo a coragem de nos abraçarmos, tamanha a energia.

No dia seguinte, a única coisa que saiu de mim foi este texto:

Pra onde foi o tempo?

Onde tudo é símbolo
a obrigação é decifrar?
O mistério só é mistério
se você parar para apreciar.

O cheiro é de hora de ficar,
mas não fui
nem ali nem cá.
Tu também estava lá.

Não havia lugar
neste presente tempo
de presentear.

Ofertar a alma,
decorar com fita,
adoçar com vida
e colorir de doce.

O vento parou de soprar.
Hálito quente de mãe,
colado
nas profundezas do mar.

Já era hora de voltar
mas eu não fui
nem lá nem cá.
E tu também estava lá.

Este lugar não é de pensar,
é tempo de concha,
é vão entre palavras
que só o silêncio pode selar.

Este tempo, onde foi parar?
Este tempo,
este sem lugar,
este tempo.
Sei não saber onde começa
nem aonde vai dar.

    Deu em um beijo, meses depois. E num novo incômodo: agora eu me relacionava com mulheres? Quem era eu beijando aquele rosto delicado, mais fino e anguloso que o meu? Eu nunca havia me relacionado com mulheres. Nunca tinha sentido vontade de beijar alguém do mesmo sexo. Não imaginava que isso aconteceria em minha vida.
    No dia seguinte, eu me olhei no espelho e não consegui encontrar em mim nada que justificasse aquele beijo. Mas me vi de outro jeito, maior, mais pesada. *Brutamontes. Brutamontes. Brutamontes.* Ecoou.

Até que achei aquilo tudo interessante. Se parte de minha identidade antiga estava desmoronando, porque não me abrir para uma nova possibilidade?

Aos poucos, fui gostando de olhar para o mundo e sentir que com qualquer pessoa na rua, de qualquer gênero, eu poderia me relacionar um dia. Você já pensou nisso? As possibilidades aumentam muito! Fiquei orgulhosa de mim ao me permitir viver aquela relação. Como se a liberdade que havia me autorizado a experimentar me enchesse de certa "superioridade". Quem sabe, um dia, eu poderia falar sobre isso. Já me imaginava em palestras contando sobre se abrir para o novo, sobre redescobrir o amor.

Aos poucos, descobri, porém, que isso não tinha a menor importância, tampouco me fazia especial. Era o que era: uma nova paixão. Simples assim.

Só que houve algo muito importante nessa relação: o tempo de mulher. A descoberta de um feminino que pode ser olhado, cultivado, nutrido e cuidado. Ana cuidou de mim como ninguém nunca havia cuidado. E eu permiti. Permiti que ela me colocasse no colo, que ela me ajudasse com meus filhos, com minha casa, com minha empresa. Sentia que ela me oferecia muito mais que eu a ela. Eu ainda estava em meio às dores da separação. Havia pouco espaço para sair da minha dor e entrar, de verdade, numa relação.

Mais que isso: com o tempo, eu me dei conta de que não me abri para o novo. Apesar de estar em uma relação aparentemente diferente, eu mantinha os mesmos padrões, especialmente o da competição. Eu competia com Ana o tempo inteiro. O fato de ela ser mulher, parecida comigo em muitos sentidos, inclusive fisicamente, só piorava as coisas.

Várias e várias vezes, mesmo morando em casas separadas, quando nos encontrávamos estávamos vestindo as mesmas roupas, absolutamente iguais, sem combinarmos. Quando isso acontecia, eu sempre pensava: *A roupa cai melhor nela.* Se éramos parecidas, com certeza ela era mais bonita. Se éramos bem-sucedidas, com certeza o trabalho dela era mais importante e ela era mais reconhecida. Se meditávamos juntas, com certeza as meditações dela eram mais profundas.

Tudo isso passava em minha cabeça e me guiava a lugares de autodestruição conhecidos e voltava para o dia a dia em pequenas, médias ou grandes agressões. Ana era tão delicada e amorosa que não reagia – e, como ela não reagia, eu ficava ainda mais furiosa.

Era como se algo em mim quisesse provar que eu não merecia aquele amor. Nosso dia a dia foi ficando insuportável. Depois de pouco mais de um ano, tentei terminar o relacionamento. Fui à casa dela e disse que, para mim, não dava mais. Ao vê-la chorar na cama, eu me senti a pior pessoa do mundo, ainda que estivesse aliviada.

Na época, uma série de pensamentos tentava justificar dentro de mim o que havia acontecido: talvez eu não devesse ter começado uma relação sem antes viver o luto da separação, talvez eu não gostasse de mulher, talvez eu precisasse de alguém capaz de se impor mais.

Hoje, pensando sobre o que aconteceu, vejo que repeti o que faço desde a adolescência: ou me perco na intimidade com o outro, numa relação simbiótica de tudo ou nada, ou me afasto mesmo estando junto, mantendo-me isolada na minha bolha de resistência e autossuficiência. Quanta dor!

Eu e Ana terminamos em dezembro de 2021 e só conseguimos conversar sobre o fim do relacionamento meses depois. Foi uma conversa dolorosa e linda. Ela me disse que nunca na vida havia se sentido tão insegura quanto ao meu lado. E eu pensava: *Tudo igual, nega*. Era assim que carinhosamente nos chamávamos.

Acabei gerando nela as mesmas inseguranças que eu tinha. Eu, sentindo-me ameaçada, a ameacei. E acabei, mais uma vez, fugindo do amor.

Jornada de exploressência

Parte 24

Você já fez algo que nunca imaginou que faria? Como se sentiu?

....
....
....
....

Você sente dificuldade de se abrir para o amor? Identificou-se com algo da minha história?

....
....
....
....

25

O caminho da solitude

Meu primeiro Réveillon sozinha

Como falar de amor no cárcere?
Como falar de amor tendo visto a fresta da liberdade?
Como falar de amor se a porta se fechou e eu ainda não consegui nela bater?
Não, não posso me dar este escasso privilégio.
Não posso cometer este sacrilégio.
Não sei se sabes, mas tenho necessidades de soltura.
São tantas as paixões que venho cultivando!
E são tantos os grilhões que ainda me seguram
Não vejo a hora de ver
minha página em branco.

Quando terminei meu relacionamento com Ana, eu só queria ficar sozinha. Passei, pela primeira vez em quarenta e três anos, o Ano-Novo sozinha. Durante vários dias, cogitei ir a festas de amigos ou à casa do meu irmão, mas algo dentro de mim me pedia: dê-se a chance de estar apenas com você.

Pensei em como seria ouvir os fogos de artifício e não ter com quem brindar. Pensei que não teria ninguém para compartilhar o sorriso e a esperança de um ano melhor. Sentia medo de encarar a solidão e de começar o ano triste. Durante a semana anterior, ouvi todos os meus medos lembrando de uma história que li em *Quando tudo se desfaz*, de Pema Chödrön, na qual uma aluna pergunta ao mestre como ele se relaciona com seus medos: "Eu concordo, eu concordo", explica o mestre com simplicidade.

Dei espaço para meus medos se manifestarem e apenas concordei com todos eles. Eu precisava de espaço para sentir e de tempo para permitir que os sentimentos pudessem, pelo menos, se manifestar. E esse era o compromisso que eu queria firmar comigo na virada do ano: não me distrair de mim, acolher-me e me aceitar cada vez mais.

Foi com isso em mente, mas especialmente no coração, que dei início às celebrações: de manhã, tomei um banho de sal grosso no pequeno gramado que tenho no quintal, varri e limpei a casa, acendi velas, fiz um escalda-pés com gerânio e rosas, coloquei um belo vestido; depois, usei um lindo jogo de chá chinês que estava guardado havia muito tempo e servi chá para mim, meus ancestrais, meus anjos da guarda e meus mentores – que não vejo, mas sinto que me acompanham. Agradeci à Natureza e à minha natureza. No meio da tarde, mandei mensagens cheias de amor para pessoas próximas e distantes a quem quero muito bem e novamente agradeci pela possibilidade de me relacionar e de compreender o quanto isso é precioso.

Quando anoiteceu, ainda antes da meia-noite, peguei o espumante que havia colocado para gelar e fui novamente para o gramado. Olhei para o céu. Brindei a mim mesma! Foi potente. Logo depois, lembrei que, quando criança, eu dava mamadeira para minhas bonecas, e pensei:

Talvez eu ainda saiba cuidar. Talvez eu saiba cuidar. Talvez eu goste de cuidar de mim.

Lembrei também que, quando brincava com Playmobil, meus bonecos só iam para a caixa depois de longas despedidas de carinho. Eu ficava com receio de deixá-los sozinhos, no escuro. Eu me despedia e garantia que voltaria para buscá-los no dia seguinte.

Prometi a mim mesma que não vou mais me deixar no escuro; prometi a mim mesma que não vou mais me abandonar em uma pretensa autossuficiência, não vou mais me deixar sozinha em meu medo de amar. Prometi que vou brincar de me amar cada vez mais.

Jornada de exploressência

Parte 25

Você já passou sozinho alguma data importante, como aniversário, Natal ou Ano-Novo? Como foi?

....
....
....
....

Você já fez promessas de amor a si mesmo? Que tal escrever algumas?

....
....
....
....

26

Uma nova paixão e um novo *burnout*

As revelações que vieram do pânico

Os deuses e as deusas não brincam em serviço. Como adoro dizer, os roteiristas do Além são maravilhosos. Quando fazemos perguntas e promessas sinceras e profundas, eles e elas nos enviam respostas e novos testes.

Uma paixão. Ele me mandou uma mensagem naquela semana em que fiquei na praia, no contrafluxo do Carnaval. Havíamos nos conhecido no velório do pai de um amigo em comum. Sim, a pulsão da vida e a morte, mais uma vez, lado a lado.

Paixão é *páthos*, patologia. Para Aristóteles, sinônimo de sofrer passivamente uma ação. Na paixão, somos avassalados, perdemos o controle, não agimos, somos levados, tomados por algo maior que nós.

Em *Metafísica*, o filósofo grego define as afecções como alterações e mudanças e, sobretudo, "danos que produzem dor".

Pois eu me apaixonei e sofri. Sofri com a intensidade de minha própria euforia. Sofri de arrebatamento e falta de sono. Sofri por querer estar e não sair de perto. Sofri por prazer, por desejo, por não ter freio. Você pode até pensar que uso a palavra "sofri" em sentido negativo, mas a uso para representar apenas algo que me aconteceu, algo que se manifestou, sintomas que senti sem conseguir evitar.

O fato é que essa paixão me fez abandonar inclusive este livro, por quase dois meses. Nada mais cabia em minha vida além de tudo que já estava aqui: mãe, chefe, empreendedora, dona de casa, ex-mulher, palestrante, facilitadora de jornadas de autoconhecimento e autodesenvolvimento, escritora, produtora de conteúdo. Como conciliar uma paixão com tudo isso? Como conciliar uma paixão com as descobertas sobre mim?

E aqui entra uma definição de paixão que já ouvi algumas vezes de terapeutas, da qual gosto mais que da definição de Aristóteles: "Paixão é uma porta que se abre para dentro e para fora. Para o outro e especialmente para si". Sim, qualquer paixão é um portal gigante para o autoconhecimento com um enorme risco de anulação completa de si.

Olhando pelo retrovisor, que nem sempre é a maneira mais confortável de ver a vida, mas pelo menos traz um distanciamento que garante o afastamento necessário para uma análise menos parcial, digo: algumas vezes tive medo desse portal e fugi. Não me permiti ser tomada pela paixão por temer as transformações que viriam junto com ela. Algumas paixões me fizeram olhar para partes da vida que eu havia abandonado para construir um caminho mais seguro, mais linear, mais ajustado à expectativa dos outros.

Já essa paixão virou meu parque de diversões de cabeça para baixo; uma montanha-russa que me lançou em um portal onde senti que perdi por quase sessenta dias o apoio e a sustentação das minhas bases. Era como se eu fosse um extraterrestre tentando fazer contato com o "planeta Mari". Costumamos achar que só uma tragédia pode nos tirar dos eixos, mas uma grande euforia, um trabalho dos sonhos, um desafio irrecusável ou uma paixão também têm esse poder! Aceleramos o carro mais que o motor aguenta, ultrapassamos a velocidade máxima e, de repente, vem a freada repentina, a pane no sistema.

Foi o que aconteceu comigo: depois de passar quase dois meses dormindo menos de quatro horas por noite, de tentar me encaixar na rotina do outro, de ser completamente tomada por uma paixão, surtei: tive uma nova crise de pânico, depois de 26 anos sem nada parecido.

Começou com uma leve taquicardia. Na sexta bem cedo, João, meu caçula, acordou chorando dizendo que estava cansado e não queria ir à escola. A vontade que tive foi de chorar junto com ele e dizer que eu também não queria fazer nada, que estava exausta. Comecei a acessar algo terrível e doloroso que havia vivido aos 17 anos, na minha primeira crise: a sensação de enxergar a realidade "quadro a quadro". No caminho para a escola, imaginava as crianças colocando no rádio uma música que provavelmente ia me irritar, comecei a visualizar quais semáforos estariam fechados, os carros andando lentamente, a fila de pais e mães para entrar no colégio, a dificuldade de estacionar, a possível manha que João faria na porta da sala para não se despedir de mim, e o caminho de volta sem eles, numa solidão que me colocaria diante de todos os outros inúmeros compromissos do meu dia.

Cada uma das cenas parecia uma batalha invencível. Mas eu segui, sem pedir ajuda, entrei no carro e fui até a escola. No caminho ainda consegui dizer para as crianças que estava muito cansada e irritada e pedi desculpas, porque estava me sentindo uma péssima mãe. Quando chegamos, Miguel me lembrou de que eu deveria escrever na agenda que eles não voltariam para casa, que iam dormir na casa do melhor amigo.

Comecei a escrever que sairiam do colégio com os pais do Rafa e pedi ajuda para o João ler no meu celular o RG da Miki e do Ronaldo.

Sem querer, ao olhar meu celular, ele esbarrou no meu braço. O esbarrão inesperado me irritou de um jeito alarmante.

Eu me assustei. Consegui respirar fundo, deixá-los e voltar para o carro. A taquicardia aumentou, o coração começou a se retorcer, a falta de ar se intensificou e eu percebi que estava tendo uma crise. Telefonei para três amigos: uma psiquiatra, uma psicóloga e um médico. Ninguém atendeu. Precisava chegar em casa. Respirei fundo e, logo no primeiro quarteirão, minha amiga psicóloga retornou. Comecei a contar o que estava acontecendo, e ela me aconselhou a parar o carro. Naquele momento era impossível, eu estava em uma avenida sem acostamento. A Cinthia foi tirando meu foco da crise, conversando comigo e me acalmando sem que eu percebesse.

Marquei uma consulta de emergência com a psiquiatra. Quando entrei na sala, estava exausta, confusa, sentindo-me uma fraude. Como trabalhar com saúde mental e emocional sem conseguir evitar uma crise de pânico? Revivi o medo adormecido de entrar novamente em depressão. Mais que isso, revivi o estigma, a vergonha e a sensação de solidão de quem sofre com uma questão de saúde mental. Uma dor impalpável e invisível que toma conta de tudo. Se eu fosse criar uma metáfora, seria um acidente com vazamento de produto químico, tóxico, incolor, transparente, inodoro – não tem cheiro, ninguém enxerga, mas você sente que, por causa daquilo, pode morrer a qualquer momento. O problema fica maior quando quem está à volta não acredita, não valoriza ou não sabe o que fazer.

Naquele momento, compreendi uma mensagem que recebi de uma médica com *burnout* e que havia sido demitida por uma chefe que não compreendia a questão: "Eu queria que a depressão sangrasse para que as pessoas a enxergassem".

Eu não abriria mão de nada do que estava vivendo. Senti profundamente que aquela paixão – aquele portal – era uma chance única de transformação.

Como defende o psicólogo arquetípico James Hillman, "patologizar é um movimento válido da psique". Ao escrever isso, procurei na internet mais informações sobre Hillman (não me pergunte o motivo, mas às vezes a minha intuição grita e eu simplesmente a obedeço). Encontrei um artigo maravilhoso publicado em 2010 na *Revista Latinoamericana de Psicopatologia Fundamental* por dois brasileiros, Anna Paula Zanoni e Carlos Augusto Serbena. Eles explicam que Hillman acreditava que a palavra *páthos* representa a capacidade de se comover, ou seja, de se deixar tocar; o adoecimento seria "apenas" uma tentativa de tornar visível aquilo que nos toca de maneira profunda, intensa, mas impalpável.

Os autores fazem questão de reforçar que essa é uma visão bem diferente daquela contida nos manuais de doenças mentais, como o DSM e o CID. Enquanto os manuais enxergam doenças ou transtornos mentais como algo que precisa ser remediado e curado, Hillman os vê como "fenômenos desvinculados das ideias de algo errado ou de pecado"; ou seja, não cabe um julgamento moral da psicopatologia.

Quero agradecer a esses autores por me colocar diante do espelho da minha imagem desejada e maníaca de ser saudável, feliz e bem-sucedida e por traduzir o que me aconteceu: a minha síndrome do pânico promoveu "uma intensa consciência da alma" e permitiu que eu enxergasse o que habitualmente não via. A rigidez em manter uma rotina saudável e com horários supercontrolados, em fazer as coisas do meu jeito e só do meu jeito, me quebrou quando eu mesma não a consegui sustentar. Somos capazes de criar prisões para nós mesmos.

Durante a crise de pânico, a caminho da psiquiatra, lembro-me de ter chorado pensando que tinha um defeito de fábrica incorrigível, que nunca estaria curada. Por isso quero muito agradecer a Hillman por conceber o adoecimento mental ou emocional não como algo anormal, como um desvio, mas como uma necessidade psicológica de entrar em contato com aquilo que verdadeiramente importa. Muitas vezes, a dor é o caminho da cura, e há maneiras de fazer a travessia ser mais suave.

Dessa vez, percebi o valor da rede de apoio. Ter para quem ligar durante a crise foi fundamental para me acalmar. Depois, durante a consulta na psiquiatra, Thiago, minha paixão, ficou me aguardando. Eu tinha pedido para ele conversar com a médica quando eu acabasse a consulta para que ela o orientasse sobre a melhor forma de me ajudar. Acabamos conversando os três juntos, e tenho a sensação de que nunca vou esquecer aquela cena.

Combinei com alguns amigos palavras que funcionariam como "códigos de desespero". Como todo mundo tende a me achar forte demais e eu tendo a não demonstrar vulnerabilidades, acertei com pessoas em que confio muito que ao receber uma mensagem com tais palavras elas deveriam parar tudo para me ajudar.

Jornada de exploressência

Parte 26

Para você, como é pedir ajuda?
....
....
....
....

Você tem uma rede de apoio? Que tal combinar com essas pessoas palavras ou códigos para momentos de desespero?
....
....
....
....

27

Quem mais posso ser além de mim?

Muitas camadas de Mari

Todo mundo já deve ter visto *matrioskas*, aquelas bonequinhas de vários tamanhos diferentes, que cabem uma dentro da outra, bastante tradicionais na Rússia. Certa vez ganhei uma dessas. No começo, eu escondia dentro da menor delas, escritos em um papel bem pequenino, os meus sonhos. Pensando nisso hoje, sinto que era como guardar, no mais profundo de mim, os desejos a realizar.

Hoje enxergo essas bonecas de outro jeito. Vejo em cada uma delas minhas próprias camadas: a mais externa é aquela que tem muito a ver com o que as pessoas acham de mim – e sei que também sou um pouco disso. Logo depois, uma camada voltada para fora, com vontades de realização e de aprovação. Creio que nunca conseguirei abandoná-la por completo. Eu a honro por ter sido minha proteção e por me abrir tantos caminhos, mas essa camada, muitas vezes, busca amor através de reconhecimento, aplausos e curtidas e anseia por mensagens carinhosas e por saber-se importante para as pessoas. Ela se esforça, se preocupa e me cansa. Ela é sustentada por outra camada, que duvida, questiona e me importuna com seu autojulgamento, com sua impaciência, sua autoexigência e a tendência a querer controlar tudo. Depois, há uma camada de Mari a que pouca gente tem acesso – a que se revela em território seguro. É uma camada relaxada, gostosa, divertida, calma, serena. Uma camada que não duvida porque não precisa. Aliás, essa camada não faz. Essa camada aceita colo e fica. Essa camada respira e chora. Essa camada tem ritmo. Recebe e aceita, permite tocar e ser tocada. Ela é porosa e se tece nos encontros com o outro. No centro de todas as camadas, a bonequinha que não abre, que não se divide, inteira, núcleo, essência: ali só vive o amor esperando meu estado de presença para atravessar todas as outras camadas.

Foi meu amigo monge Satyanatha, grande tradutor dos mistérios do invisível, que deu a melhor explicação sobre essência que já ouvi na vida: "Imagine um diamante de várias faces. Enxergamos mais brilho através das faces que estão mais limpas, mais polidas. É assim que podemos ver a manifestação da alma ou da essência de uma pessoa: quanto mais ela polir as várias facetas do próprio diamante, mais brilhará".

O primeiro trabalho é reconhecer cada face. Algumas são tão turvas que nos confundem. Outras estão tão opacas que custamos a encontrar uma fresta para a luz passar. Há ainda as que vivem no escuro e nos dão medo de enxergar. O segundo trabalho é reconhecer que cada uma delas também é um tesouro ou faz parte do grande diamante que somos.

Foi também numa conversa com o próprio Sat, em 2017, que algo passou a martelar meus pensamentos: "Mari, você precisa se apaixonar por você!". Reagi de imediato: "Como assim, me apaixonar por mim? Eu me adoro, tenho boa autoestima, eu já sou...". Mas, antes mesmo de completar o raciocínio, Sat me olhou com tanta convicção que senti uma energia vigorosa me pedindo para não falar, para ficar com aquela frase dentro de mim.

Dois anos haviam se passado, eu tinha tomado a decisão de sair da Globo, sentia que conhecia cada vez mais minhas outras facetas, que estava conseguindo deixar algumas mais limpas, mais transparentes, mas definitivamente ainda não estava apaixonada por mim. *Desde quando a gente controla a paixão? Paixão acontece! Como eu vou me apaixonar por mim? Se não rolou em quarenta anos, acho que não vai mais rolar, né?*

Quantas e quantas vezes pensei nisso tudo com um misto de raiva e frustração! Ao mesmo tempo, como já disse, ir me desfazendo de velhos hábitos e rotinas foi como o desmoronar de um castelo de cartas. E quando uma estrutura rui, muitas vezes derruba outras que estavam presas a ela.

Na minha casa, os sentimentos eram muito mais conversados que sentidos. A conversa era fundamental para compreendê-los e curá-los – se é que sentimento tem cura. Já disse aqui que não me lembro de aproveitar um colo para simplesmente ficar ali, recebendo amor. Essa não era uma oferta constante – ou, pelo menos, não vinha à tona gratuitamente.

Eu me acostumei a dar vazão a meu feminino quando trancava a porta do meu quarto para dançar e escrever poesia e cartas para amigas. O que acontece com um feminino que precisa trancar a porta para se libertar? Busca apoio num masculino que abre espaços à força, num impulso contra a privação da liberdade. E foi isso que fiz durante muito tempo: meu feminino se escondeu atrás de uma energia forte, muitas vezes bélica. Vivi e ainda vivo batalhas internas, mas não quero mais guerrear.

Em 2019, tive um dos sonhos mais marcantes da minha vida: eu era um soldado, fardado com roupa camuflada, capacete duro e arredondado e fuzil na mão. O chefe da tropa me jogava no campo de batalha. Medo. Eu me embrenhava no mato sentindo o roçar da gramínea dura na farda. Ficava abaixado numa trincheira, naquela posição de rastejar. Ao lado, centenas de soldados com a mesma roupa, na mesma posição, enfileirados. Na frente, o exército inimigo. Eu não o via, mas sabia que estava ali.

O vento bateu, um arbusto se moveu, e eu pude vislumbrar, bem na minha frente, o olho do inimigo, cara a cara. Vi-me na pupila do soldado que estava deitado na mesma posição que eu. Ele também se viu em mim. Éramos reflexo um do outro. Na mesma hora, pensei: *Por que a gente está brigando? Esta guerra não tem o menor sentido.*

Mas parecia tarde demais. Nos nossos olhos, o medo da morte. Engatilhamos nossas armas e me lembro de ter achado que era o fim. Até que do outro lado do campo, alguém gritou: "A guerra acabou". Paramos. Trocamos as armas, como jogadores trocam de camisa no fim de uma partida de futebol, e saímos correndo pelo descampado, aliviados.

Esse sonho me faz pensar que não existe motivo para brigar com meu lado masculino, que já me protegeu em tantas batalhas; ele me lembra, ainda, que somos espelho e reflexo, côncavos e convexos, e que podemos correr aliviados, juntos, para o mesmo lado.

Em fevereiro de 2022, conduzi o primeiro retiro da Soul.Me. Não foi simples, mas foi mágico. Senti a ação do meu lado masculino para proteger um feminino que precisava se expressar com liberdade, leveza, graça e sutileza. O masculino estava lá, amparando, observando, cuidando para que aquilo fosse possível. Como? Impondo limites às pessoas que queriam que eu resolvesse problemas que não eram meus e me lembrando o tempo todo de meus próprios limites.

Logo depois dessa experiência, tive outro sonho muito marcante. Apenas uma imagem: uma vulva, cujos grandes lábios eram parte do manto da Virgem Maria e da Virgem de Guadalupe. As duas imagens se alternavam nas paredes internas daquela vagina, numa cena forte, leve e linda: o nascimento da energia feminina.

Quando contei para minha terapeuta, ela pediu que eu desenhasse a imagem e escrevesse sobre ela. Depois, pediu que imaginasse esse feminino recém-saído daquele invólucro, ainda sem saber se mexer direito, aprendendo a viver nesta Mari. Pari um texto quase numa contração, envolto em lágrimas e prazer.

Quais palavras combinam contigo, recém-nascida, recém-chegada?
Ver-te surgir me causa espanto.
Parecia tão fugidia, e ao mesmo tempo te espero desde sempre.
Seja bem-vinda!
Acolho-te com minha alma inteira, no coração expandido em colchão de água, rosas e lavanda.
Banho-te com minha doçura porque me traz a leveza das lágrimas que regam.
Fica.
Não precisa se mexer agora.
Fica.
Te ofereço meu colo.
Não, não precisa fazer nada.
És preciosa, delicada.
Fica.
Sei que te demoras a abrir os olhos porque queres primeiro sentir.
Teu coração pulsa. Posso ouvir: sua respiração é você inteira.
Tens as cores do arco-íris na ponta dos dedos das mãos e nos pés a lembrança das nossas raízes de mulher.
Viemos juntas concebendo o espaço, andamos pelas frestas, voamos entre as árvores, descemos das nuvens.
Descansa.
Deixa eu te olhar.
Como pode ter tanta beleza e ainda assim ser tão imperfeita?
Chora.
Chora porque suas lágrimas pintam em minha blusa corações em pequenas poças.

Te ofereço meu colo.
Não, não precisa sair.
Fica.
Não precisa fazer nada.
Te ofereço meu colo, minha pequena.
Sinto o sutil através da sua pele macia.
Seu toque de pena de ave branca.
Quase imperceptível pinta no invisível aquilo que precisa transformar.
Vem com calma.
Você não chegou para brigar.
Não precisa fazer nada, nada.
Apenas amar.

Escrevi naquela semana de férias na praia. Senti que a única coisa que precisava fazer depois disso era entrar no mar. Era fim de tarde e batia um vento fresco.

Fui me deixando tocar pela espuma aos poucos. Permiti que meu corpo se acostumasse à temperatura da água e abaixei até ficar ajoelhada, mantendo a cabeça para fora, na superfície. Não sei em que momento as lágrimas começaram a regar o mar, semeando ali o nascimento de uma delicadeza.

Nenhuma onda me atingiu com força, e eu me senti preparada para batizar-me na suavidade. Molhei os cabelos e o rosto, deitei minha alma no meu colo e reafirmei: não precisa fazer nada, fica.

Ao tirar a cabeça da água, respirei como se fosse a primeira vez, como quem nasce. No céu, as nuvens eram pequenas, arredondadas, brancas, e responderam abrindo espaço para que, com meu novo fôlego, eu vislumbrasse um rosado entardecer cheio de calma azul.

Fiquei espiando os espaços até perceber que estava um pouco mais frio; fui saindo devagar, com passos firmes, serenos. Na caminhada, senti a resistência da correnteza querendo que eu forçasse o caminho. A resistência natural a tudo que é novo. Não forcei. Mantive o ritmo, mantive a calma, mantive-me dando colo para a alma não se assustar. Houve um desequilíbrio pequeno, mas me dei a mão e segui; de repente, a corrente que me puxava, ao virar espuma, me impulsionou de leve, quase me fazendo flutuar. Na transição entre água e areia, vi uma abelha tentando se movimentar.

Peguei um pequeno graveto para tirá-la daquela luta e a levei para o seco. Estava ferida, cansada, mas se recuperou. Parecia agitada, tentando me dizer o quanto era difícil ter que ficar em constante movimento enquanto não voltava a voar. Eu disse: "Fica, não precisava fazer nada". O restinho de sol atravessou o horizonte e me permitiu vislumbrar um raio furta-cor nas nervuras das asas. O vento balançou o corpo cambaleante da abelha e ela ficou, bem ali, na minha frente.

Jornada de exploressência

Parte 27

Você tem o costume de anotar seus sonhos? Uma boa dica é deixar um caderno ao lado da cama. Antes de qualquer outra coisa, simplesmente escreva a cena que lhe voltar à memória, ainda que não seja o sonho completo.

....
....
....

28

A força que me sustenta

A busca por me amar cada vez mais

Naquele pós-Carnaval em que não tinha trânsito na estrada porque eu estava indo no sentido contrário ao de todos que haviam aproveitado o feriado na praia, entendi que a liberdade do contrafluxo não é apenas uma rebeldia. A liberdade do contrafluxo é seguir o próprio caminho. Quando você segue seu caminho, não há congestionamento. Ninguém trilha seu caminho, além de você.

Escrever este livro me ajudou a trilhar meu caminho. Desde muito nova, eu tinha o sonho de escrever. Aliás, eu sempre escrevi. Costumo brincar que sofro de incontinência literária. Mas só publiquei *Os sucos da Mari*.

Eu amo o TED Talk da Elizabeth Gilbert, autora de *Comer, rezar, amar*, em que ela fala sobre gnomos e gênios inspiradores dos grandes criativos. Liz Gilbert diz que podemos culpá-los quando a inspiração não chega. Afinal, parte do trabalho é nossa, mas parte não é. Segundo ela, a inspiração divina é o que mantém o entusiasmo na hora de escrever, pintar, dançar ou seja lá o que você queira fazer.

Nesse processo, cada um precisa achar sua liberdade de contrafluxo. Seu caminho sem congestionamento. Sua estrada vazia – que pode ser tortuosa e escorregadia, mas que é sua.

Eu tenho uma pedra "mágica" que ganhei de uma tia muito querida, a tia Maria, irmã de meu pai. A pedra ficou na minha mesa, ao lado do computador, todos os dias enquanto eu escrevia este livro. Desde que a ganhei, muitos anos atrás, guardo-a dentro de uma caixinha cuja tampa é um anjo nu com uma pena na mão. Na pedra azul semitransparente está escrito *"dreams"* ou "sonhos".

Hoje sinto que é disto que preciso: de uma pedra semitransparente que deixe passar a luz dos sonhos, um anjo, minha própria nudez para admitir todas as fragilidades, e a pena, a caneta e o lápis (ou o computador).

Antes de encerrar este livro, acendi uma vela. Ouvi Deuter, um instrumentista alemão que compõe ótimas música para meditar.

Chorei muito e escrevi o seguinte:

É preciso aumentar a fonte para enxergar direito as palavras.

Meus olhos ainda estão alagados pelas lágrimas de há pouco.

Vieram inesperadas pelas revelações que por tanto tempo tentei manter trancafiadas.

Aquelas que sabemos que quando acham uma fresta se espraiam feito areia que solta dos pés das crianças ao voltarem da praia.

Por mais que a gente limpe, jamais conseguirá juntar novamente todos os grãos.

Um grão que resista intocado, fugitivo, vira semente.

Foge porque seu destino era a liberdade de seu único caminho.

Ser aquilo que não pode deixar de existir porque afinal nasceu para isso.

Mas se no fim terminar a tarefa, para que continuar existindo?

O engano aí reside: a tarefa para a qual nascemos nunca termina.

Não é tarefa.

É motor, carro e gasolina. Estrada e a paisagem. Sem parada.

Lembro-me do verso de Octavio Paz, em *O labirinto da solidão*, sobre a tarefa de descobrir-se a si mesmo:

"El descubrimiento de nosotros mismos
se manifiesta como un sabernos solos
entre el mundo y nosotros se abre una impalpable
y transparente muralla
la de nuestra consciencia".

Como realizaremos aquilo que somos? Ao realizar o que somos, manteremos a muralha de pé? Ficaremos ainda mais isolados em diques compartimentados da nossa própria consciência? Se fugirmos da estrada que é sentido, direção e destino, encontraremos os outros ou permaneceremos sós, represados em nós mesmos? Se toparmos entrar na trilha conduzidos pela convicção íntima do nosso propósito, estaremos condenados a não partilhar o caminho?

Será esse o labirinto da solidão a que se referia Octavio Paz?

Achar-se preso à liberdade das infinitas possibilidades sem saída de não se encontrar a si mesmo, mesmo estando dentro de si. E, quando se encontrar, ser surpreendido por um fogo que toma para si o tempo e exige toda a sua disciplina, que elimina qualquer distração e queima o desimportante.

Transformar em brasa o supérfluo exige mais do que você jamais pensou que pudesse entregar. Exige você mesmo. Inteiro. Íntegro. Mesmo com medo de não dar conta de estar sozinho diante do seu maior algoz: você mesmo.

Nenhuma crítica será tão insensível e seca. Nenhuma preguiça será tão ardilosa. Nenhuma resistência será tão potente.

Só você sabe o tamanho dos obstáculos que não pode vencer. Não aqueles que você acha que não consegue, mas sim os que coloca em seu caminho para escorregar propositadamente. Aqueles que aos olhos dos outros parecem acasos, circunstanciais atrasos nos planos.

Você acaba de novo preso no labirinto, com sua solidão gritando no silêncio: você está longe de si. De novo.

Experimente experimentar você mesmo assim: inteiro. Íntegro. Com coragem e amor.

Nenhum colo será tão reconfortante. Nenhuma alegria será tão intensa. Nenhuma satisfação será tão grande. E talvez lhe falte fôlego para sustentar a proximidade. O peito a queimar, pronto para explodir.

Vontade de compartilhar e gritar para fora do labirinto que você encontrou a resposta. Que sabe o que tem que fazer da vida: você se encontrou! Hoje, amanhã e para sempre. Sigo perseguindo-me, sem ser presa ou predadora. Sigo sendo livre para me perder, me encontrar, me reencontrar e, especialmente, para encontrar nessa trilha novos caminhos para me amar e amar cada vez mais.

Referências

ARANTES, Ana Claudia Quintana. *Pra vida toda valer a pena viver.* Rio de Janeiro: Sextante, 2021.

ARRIEN, Angeles. *O caminho quádruplo*: trilhando os caminhos do guerreiro, do mestre, do curador e do visionário. São Paulo: Ágora, 1998.

ASSIS, Machado de. *Dom Casmurro.* São Paulo: Globo, 2008.

BLACK, David; SLAVICH, George. Mindfulness meditation and the immune system: a systematic review of randomized controlled trials. *Annals of the Academy of Sciences.* v. 1373, p. 13-24, 21 jan. 2016. Disponível em: https://nyaspubs.onlinelibrary.wiley.com/doi/10.1111/nyas.12998. Acesso em: 22 ago. 2022.

BONDER, Nilton. *Tirando os sapatos.* Rio de Janeiro: Rocco, 2012.

BROWN, Brené. *Atlas of the heart.* London: Vermilion, 2021.

BROWN, Brené. *Braving the wilderness.* London: Vermilion, 2017.

CAMPBELL, Joseph. *Deusas*: os mistérios do divino feminino. São Paulo: Palas Athena, 2016.

CAMPOS, Paulo Mendes. O pombo enigmático. *Portal da Crônica Brasileira.* 7 abr. 1960. Disponível em: https://cronicabrasileira.org.br/cronicas/8158/o-pombo-enigmatico. Acesso em: 22 ago. 2022.

CASTANEDA, Carlos. *O poder do silêncio*: novos ensinamentos de don Juan. Rio de Janeiro: Nova Era, 2006.

CHÖDRÖN, Pema. *Quando tudo se desfaz*: orientação para tempos difíceis. Rio de Janeiro: Gryphus, 2021.

CSIKSZENTMIHALYI, Mihaly. *Flow*: a psicologia do alto desempenho e da felicidade. Tradução de Cássio de Arantes Leite. São Paulo: Objetiva, 2020.

DAVIDSON, Richard; GOLEMAN, Daniel. *A ciência da meditação*. São Paulo: Objetiva, 2017.

DOSTOIÉVSKI, Fiodor. *Os irmãos Karamázov*. Tradução de Paulo Bezerra. São Paulo: Editora 34, 2012.

DOTY, James R. *A maior de todas as mágicas*. Tradução de Vera Ribeiro. Rio de Janeiro: Sextante, 2016.

FELTMAN, Charles. *The thin book of trust*: an essential primer for building trust at work. Bend: Thin Book, 2008.

FERRANTE, Elena. *A filha perdida*. Tradução de Marcello Lino. Rio de Janeiro: Intrínseca, 2016.

FERRÃO, Mariana. *Os sucos da Mari*. São Paulo: Panda Books, 2014.

FRANKL, Viktor. *Em busca de sentido*. Petrópolis: Vozes, 2021.

GALVÃO, Lucia Helena. "Fresta", poema de Lúcia Helena Galvão. *Pazes*. 17 out. 2017. Disponível em: https://www.revistapazes.com/fresta-poema-de-lucia-helena-galvao/. Acesso em: 22 ago. 2022.

GAWAIN, Shakti. *Visualização criativa*. São Paulo: Pensamento, 2003.

GILBERT, Elizabeth. *Comer, rezar, amar*. Tradução de Fernanda Abreu. São Paulo: Objetiva, 2016.

GILBERT, Elizabeth. *Grande magia*. Tradução de Renata Telles. São Paulo: Objetiva, 2015.

MERLEAU-PONTY, Maurice. *Fenomenologia da percepção*. Tradução de Carlos Alberto Ribeiro de Moura. São Paulo: WMF Martins Fontes, 2018.

MONTERO, Rosa. *A ridícula ideia de nunca mais te ver*. Tradução de Mariana Sanchez. São Paulo: Todavia, 2019.

PAZ, Octavio. *O labirinto da solidão*. São Paulo: Cosac & Naify, 2014.

PEASE, Allan; PEASE, Barbara. *Se a vida é um jogo, aqui estão as regras*. Tradução de Beatriz Medina. Rio de Janeiro: Sextante, 2017.

ROSA, João Guimarães. *Grande sertão*: veredas. São Paulo: Companhia das Letras, 2019.

ROTHENBERG, Rose-Emily. *An Orphan's Odyssey*: sacred journeys to renewal. Asheville: Chiron, 2015.

SENGE, Peter M. *A quinta disciplina*: arte e prática da organização que aprende. Tradução de Gabriel Zide Neto. Rio de Janeiro: Best Seller, 2013.

SOARES, Ana Michelle. *Vida inteira*: uma jornada em busca do sentido e do sagrado de cada dia. Rio de Janeiro: Sextante, 2021.

VAIANO, Bruno. Como as aranhas produzem suas teias. *Superinteressante*. 16 nov. 2021. Disponível em: https://super.abril.com.br/coluna/oraculo/como-as-aranhas-tecem-teias-entre-galhos-distantes/. Acesso em: 22 ago. 2022.

ZANONI, Anna Paula; SERBENA, Carlos Augusto. A psicopatologia como uma experiência da alma. *Revista Latino-Americana de Psicopatologia Fundamental*. São Paulo, v. 14, n. 3, p. 485-498, set. 2011. Disponível em: https://www.scielo.br/j/rlpf/a/XRVsn8RSYZ57Zjwhtj7mcVv/?lang=pt. Acesso em: 22 ago. 2022.

Música citada no livro

Recado à minha amada (Lua vai) – Interpretada por: Katinguelê. Escrita por: Juninho Araujo e Salgadinho. Produzida por: Adilson Victor. Fonte: WM Brasil.

Agradecimentos

Boa parte das pessoas a que gostaria de agradecer está citada de alguma forma nas páginas deste livro. Mas preciso agradecer a uma em especial: meu pai, Jorge. Deixei muitas páginas em branco pela sua expectativa de que eu escrevesse, porém foi a mesma expectativa que nunca deixou morrer meu sonho de publicar este livro.

**Acreditamos
nos livros**

Este livro foi composto em Rig Sans e New Reason e impresso pela Geográfica para a Editora Planeta do Brasil em outubro de 2022.